Die Geschichte Deutschlands

Die Geschichte Deutschlands

Von den Anfängen bis heute oder wie aus germanischen Halbwilden Europäer wurden

Erzählt von Manfred Mai
mit Bildern von Dorothea Tust

Inhalt

Altertum – Unsere Vorfahren in grauer Vorzeit 7
    Die Anfänge mit den Römern und Germanen 8
    Die Germanenstämme im Frankenreich 11

Mittelalter – Von Königen, Adligen, Rittern, Päpsten und armen Bauern 15
    Wer hat das Sagen im Reich? 16
    Karl der Große 18
    Herren und Untertanen 20
    Die Städte wachsen 23

Aufbruch in eine neue Zeit – Vom neuen Weltbild, von Glaubenskriegen und Freiheitskämpfen 29
    Erkenntnisse, Entdeckungen und Erfindungen 30
    Glaubensstreit und Glaubenskriege 33
    Könige sind auch nur Menschen 36
    Die Menschen kämpfen für die Freiheit 39
    Ungetüme aus Stahl und weitere Neuerungen 43

Das Deutsche Reich und die Weltkriege – Das dunkelste Kapitel deutscher Geschichte 45
    »Einigkeit und Recht und Freiheit ...« 46
    Das deutsche Kaiserreich 49
    Vom Land in die Städte 51
    Wem gehört die Welt? 55
    Der Erste Weltkrieg 57
    „Es lebe die Republik!" 60
    Der Friedensvertrag 62

Vom goldenen Glanz bis zum Ende der Republik 64
Adolf Hitler 67
Hitlers Gewaltherrschaft 70
»Wir schweigen nicht« 74
Vom Judenhass zum Völkermord 76
»Führer befiel, wir folgen!« 79

Nachkriegszeit und deutsche Teilung – Von der Macht der Sieger bis zur Wiedervereinigung Deutschlands 83
Alles liegt in Schutt und Asche 84
Westdeutschland wird demokratisch 89
Ostdeutschland wird sozialistisch 91
Auf nach Westen! 93
Ein Staat mauert sich ein 96
Mehr Mitbestimmung 100
Ost und West kommen sich näher 103
„Wir sind das Volk!" 105

Vereintes Deutschland seit 1990 – Den Worten Taten folgen lassen! 109
Wieder vereint! 110
Heute in Deutschland leben 113
Personenregister 116

Griechen

Römer

Deutsche Geschichte

Altertum – Unsere Vorfahren in grauer Vorzeit

Als unsere frühen Vorfahren vor 2500 Jahren im Norden Europas noch in Hütten hausten, gab es in Griechenland und im Römischen Reich schon Städte mit Häusern aus Steinen, Wasserleitungen, beheizbare Bäder und Straßen mit Geschäften, in denen die Leute einkaufen konnten. Für die Griechen und Römer waren die Völker jenseits der Alpen ungebildete Halbwilde, »Barbaren«, die nach Berichten eines Reisenden groß und kräftig waren, rötliche Haare hatten und derbe Kleidung trugen. Waren das die ersten Deutschen?

Die Anfänge mit den Römern und Germanen

Du hast bestimmt schon Reisen gemacht und einiges von Deutschland gesehen. Vielleicht warst du sogar im Bundestag in Berlin oder hast über die Wolkenkratzer in Frankfurt gestaunt oder über den Kölner Dom. Aber hast du auch schon mal überlegt, dass es nicht immer so war? Kannst du dir vorstellen, wie die Menschen früher in Deutschland gelebt haben und wann überhaupt alles begann? Wenn du anfängst darüber nachzudenken, dann bist du auch schon mittendrin in der deutschen Geschichte.

Wer von der deutschen Geschichte erzählen will, stößt gleich auf ein Problem: Wann und wo beginnt sie? Das ist schwer zu sagen. Manche nennen das Jahr 800, weil da Karl der Große zum Kaiser gekrönt wurde. Andere beginnen gut tausend Jahre später, weil es 1871 zum ersten Mal ein Deutsches Reich gab. Auch manche Ereignisse dazwischen wurden schon als Beginn der deutschen Geschichte gewählt. Aber so richtig überzeugend sind diese Anfänge alle nicht. Deshalb fangen wir am besten viel früher an.

Gaius Julius Caesar

Die Römer

Starten wir mit unserem Überblick über die deutsche Geschichte am Beginn unserer Zeitrechnung. Um Christi Geburt – das war vor über 2000 Jahren – gab es ein mächtiges Reich in Europa: das Römische Reich. Gut 50 Jahre vor Christi Geburt eroberte Gaius Julius Caesar mit seinen Soldaten die Gebiete bis zum Rhein, die er Gallien nannte. Die Gebiete westlich des Rheins nannte er Germanien.

Um ihr Reich zu sichern, bauten die Römer an den Grenzen Schutzanlagen. Eine war der Limes, von dem man in Süddeutschland noch heute Reste sehen kann.

Die germanischen Stämme

Damals war Germanien noch von dichten Wäldern bedeckt und nur dünn besiedelt. Die Menschen lebten in Einzelhöfen oder kleinen Dörfern, oft mit ihren Tieren unter einem Dach. Der Wohnbereich bestand aus einem einzigen Raum. Darin standen ein Tisch, ein paar Bänke, dreibeinige Hocker und manchmal ein Bettgestell. Geschlafen wurde auf Strohsäcken. Im Winter wurde der Raum durch die Feuerstelle geheizt. Aber so mollig warm und gemütlich wie wir das heute gewohnt sind, war es nicht.

»Wer will schon nach Germanien reisen, landschaftlich ohne Reiz, rau im Klima, trostlos für die Bewohner wie für die Besucher.«, Tacitus: 98 n. Chr.

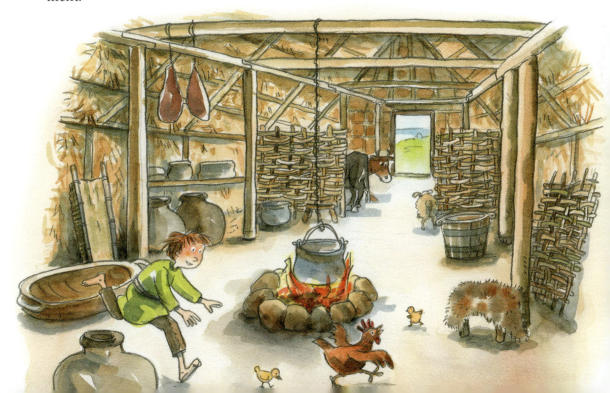

Die sogenannten Germanen waren allerdings kein einheitliches Volk. Es gab zahlreiche Stämme, zum Beispiel die Alemannen, Burgunder, Franken, Gepiden, Goten, Langobarden, Sachsen, Sweben und Vandalen. Jeder Stamm sprach eine andere Sprache und hatte seine eigenen Sitten und Gebräuche. Zwischen dem dritten und fünften Jahrhundert nach Christus zogen germanische Stämme aus dem Norden Europas nach Süden und Westen. Später sprach man von einer »Völkerwanderung«. Warum damals ganze Völker losgezogen sind, weiß niemand genau. Man nimmt an, dass es zu wenig fruchtbares Land gab, was zu Hungersnöten führte. Die Menschen hofften wohl, anderswo bessere Lebensbedingungen zu finden.

Lange Zeit lebten die Menschen im Römerreich und die germanischen Stämme jenseits des Limes friedlich nebeneinander. Das änderte sich jedoch, als immer mehr Germanen aus dem Norden kamen. Anfangs konnten die römischen Truppen die Eindringlinge noch abwehren. Aber letztlich waren die Germanen stärker, drängten die Römer immer weiter zurück und beherrschten nun weite Teile Europas.

Die Germanenstämme im Frankenreich

Die germanischen Stämme waren sich untereinander keineswegs einig. Und selbst innerhalb der Stämme gab es oft Streit darüber, wer den Stamm anführen sollte. Bei den Franken schaffte der gerissene Chlodwig (466 – 511) die anderen Stammesführer durch List, Verrat und Mord nach und nach aus dem Weg. Auf diese Weise wurde er immer mächtiger und ließ sich schließlich zum König krönen. Mit seinen Soldaten eroberte er die Gebiete der Burgunder, Westgoten und ganz Gallien. So entstand um 500 n. Chr. das große Frankenreich, aus dem später Frankreich und Deutschland hervorgingen.

Chlodwig

An welche Götter glaubten sie?

Die Menschen im Frankenreich verehrten mehrere Götter. Als höchster Gott galt Wodan, der nach germanischer Auffassung die Welt regierte und das Schicksal aller Menschen lenkte. Seine Frau Frigga war die Göttin der Fruchtbarkeit und die Beschützerin von Ehe und Familie. Die Germanen glaubten – wie die Christen – fest an ein Leben nach dem Tod. Die Tapferen stiegen auf zu Wodan nach **Walhall**, wo sie ein schönes Leben erwartete. Die feigen und schlechten Menschen mussten im Reich der Göttin Hel in ewiger Finsternis schmachten.

Symbol der Frigga

Symbol des Wodan

Walhall heißt wörtlich »Wohnung der Gefallenen«. Der Sage nach ist Walhall eine prächtige Halle mit 540 Toren.

Und wie kam es nun, dass das Frankenreich christlich wurde? Dafür war Chlodwig verantwortlich, obwohl der bis dahin keineswegs nach der Friedensbotschaft Jesu gelebt hatte. Als die Alemannen im Jahr 496 das Frankenreich angriffen, betete Chlodwigs christliche Frau Chrodechild für den Sieg der Franken. Chlodwig soll ihr versprochen haben, wenn der Christengott den Franken beistehe, werde er zum Christentum übertreten.
Nach dem Sieg hielt er sein Versprechen. An Weihnachten 498 ließ er sich taufen. Das verlangte er auch von seinen Untertanen. Wenn diese keinen Ärger bekommen wollten, mussten sie sich taufen lassen. Was aber glaubten sie wirklich? Das ist eine ganz andere Frage. Die meisten hielten heimlich noch lange an ihren alten Göttern fest.

Unsere Vorfahren, die Germanen, zogen zwischen dem dritten und fünften Jahrhundert vom Norden Europas nach Süden und Westen. Sie drängten die Römer über die Alpen zurück und gründeten um 500 das Frankenreich.

Mittelalter – Von Königen, Adligen, Rittern, Päpsten und armen Bauern

Bei dem Wort »Mittelalter« denkst du vielleicht an Folterkammern und an die vielen Frauen, die als Hexen verbrannt wurden. Sicherlich hast du aber auch sofort Ritter und Burgen vor Augen.

Bis heute übt diese Zeit zwischen 500 und 1500 einen großen Reiz auf die Menschen aus. In unzähligen Büchern und Filmen werden Geschichten von damals erzählt. Und jedes Jahr besuchen Millionen Menschen Burgen und Burgruinen, die in weiten Teilen unseres Landes noch heute von der längst vergangenen Ritterzeit zeugen. In manchen Städten gibt es sogar Mittelaltermärkte mit Ritterspielen. Dabei wirken Kulissen und Verkleidungen oft so echt, dass man wirklich glauben könnte, man sei bei einem mittelalterlichen Ritterturnier.

Karl Martell

Wer hat das Sagen im Reich?

In den besten Familien kann es vorkommen, dass der älteste Sohn ein ziemlicher Dummkopf ist. Vielleicht kennst du auch einen. Und weil damals der älteste Sohn eines Königs normalerweise das Reich erbte, saßen manchmal ziemliche Dummköpfe auf dem Thron. Das gab es auch im Frankenreich. Dann regierte an ihrer Stelle praktisch der höchste »Beamte« im Reich. Einer von ihnen war Karl Martell (688–741). Als es einem großen arabischen Heer gelungen war, über die **Pyrenäen** in das Frankenreich einzudringen, handelte Karl Martell: Er marschierte im Oktober 732 an der Spitze der fränkischen Armee den Arabern entgegen und drängte sie wieder zurück. Dieser Sieg war für die weitere Geschichte Europas von großer Bedeutung, denn die Ausbreitung des **Islam** war damit gestoppt. Im Frankenreich ging die Christianisierung weiter. Besonders wichtig war dabei der Mönch und spätere Bischof Bonifatius. Er gründete Klöster und ordnete das kirchliche Leben neu. Seit damals sind die christlichen Gebiete in Bistümer oder Diözesen eingeteilt, die es bis heute gibt. Die älteste ist die Diözese Regensburg, die Bonifatius im Jahr 739 gegründet hat.

Eine rund 430 km lange Gebirgskette. Sie verläuft zwischen Frankreich und Spanien.

Die zweitgrößte Weltreligion mit etwa 1,3 Milliarden Gläubigen. Ihr Begründer ist der Prophet Mohammed. Die Gläubigen nennen sich »Muslim« und »Muslima«, was »der/die sich Gott unterwirft und hingibt« bedeutet.

Pippins Königreich

Karl Martells Sohn Pippin (714–768) wollte nicht mehr nur der höchste Beamte im Reich sein, sein Ziel war es, König zu werden. Und so sah sein Plan aus:

Pippin

Pippin schickte dem Papst in Rom einen Brief, in dem er fragte, ob es richtig sei, dass jemand als König auf dem Thron sitze, der das Reich überhaupt nicht regiere.

Gespannt wartete Pippin auf die Antwort des Papstes. Der schrieb ihm, es sei besser, den als König zu bezeichnen, der die Macht habe und wirklich regiere.

Pippin war mit dieser Auskunft mehr als zufrieden! Er ließ den schwachen König Childerich III. in das Kloster Prüm bringen und sich selbst von den **Adligen** zum König ausrufen. Damit begann im Jahr 751 die Herrschaft des neuen Königsgeschlechts der **Karolinger**.

Eine Gruppe von Menschen, die durch Geburt und Besitz besondere Vorrechte besaß und im Mittelalter der erste und herrschende Stand war.

Der Name des Herrschergeschlechts, das ab 751 im Frankenreich die Königswürde innehatte.
Sein berühmtester Vertreter war Karl der Große.

Kloster Prüm

Mittelalter

Karl der Große

Karl der Große (748 – 814) war der Sohn von Pippin. Er wurde im Jahr 768 fränkischer König und 32 Jahre später zum römischen Kaiser gekrönt.

War Karl nun ein Deutscher oder gar der erste Deutsche? Das würden die Franzosen heftig bestreiten. Für sie ist »Charlemagne«, wie sie ihn nennen, der Stammvater Frankreichs und ein Franzose. Karl der Große war allerdings weder Deutscher, noch Franzose, er war in erster Linie Franke.

Karl der Große

Karl, der König

Als er im Jahr 771 Alleinherrscher über das Frankenreich wurde, hatte er das gleiche Ziel wie die meisten Herrscher: Er wollte sein Reich und damit seine Macht vergrößern. Die Langobarden und die Bayern unterwarf Karl problemlos. Dann ging es gegen die Sachsen. Aber die wehrten sich mit allen Kräften. Schließlich wurden sie nach einem grausamen Krieg, der 32 Jahre dauerte, doch überwältigt und mussten den christlichen Glauben annehmen.

Damit waren zum ersten Mal in der Geschichte alle germanischen Stämme, aus denen später das deutsche Volk zusammenwuchs, in einem Reich vereint.

Kaiserkrönung

Karl der Große sah sich jedoch nicht nur als Vater der Menschen im Frankenreich, sondern auch als Schutzherr aller Christen. Am Weihnachtsabend des Jahres 800 besuchte er in Rom einen Gottesdienst. Dabei setzte ihm der Papst eine Krone auf und rief: »Karl dem Erhabenen, dem von Gott gekrönten großen und Frieden schaffenden Kaiser der Römer!«

Karl der Große war also weder Kaiser eines Deutschen noch eines Französischen, sondern eines Römischen Reiches. Und er sah sich auch als Nachfolger der großen römischen Kaiser und gleichzeitig als weltlichen Führer der Christenheit.

Später sagten manche, er sei der erste Europäer gewesen, und bis heute wird er »Vater Europas« genannt.

Mittelalter

Herren und Untertanen

Wie alle klugen Herrscher wusste Karl der Große, dass es sehr schwierig war, ein großes Reich zu verwalten und zu sichern. Für beides war der Kaiser auf Hilfe angewiesen. Er suchte sich also treue Gefolgsleute, die man »Vasallen« nannte, und belohnte sie für ihre Dienste. Der Lohn bestand allerdings nicht aus Gold oder Geld, sondern aus Landgütern. Zu diesen Gütern gehörten auch die darauf lebenden Bauern und ihre Familien. Diese Landgüter waren aber nicht Eigentum der Vasallen, sondern nur eine Leihgabe, die man »Lehen« nannte. Die Vasallen waren Lehnsmänner des Kaisers.

Weil im frühen Mittelalter – so nennt man die Zeit zwischen dem fünften und neunten Jahrhundert – noch die Vorstellung galt, dass alles Land dem Kaiser gehörte, konnte er großzügig Lehen vergeben. Viele waren so riesig, dass die Lehnsmänner davon kleine Lehen an sogenannte Untervasallen abgeben konnten. Und selbst die konnten wieder Vasallen haben.

Mit der Zeit bildete sich eine Lehnsordnung heraus, die genau festlegte, wer wessen Lehnsherr sein durfte. Als direkte Lehnsmänner des Kaisers kamen nur die höchsten Adligen in Frage. Diese Reichsfürsten konnten Lehen an Grafen und Freiherren vergeben, die wiederum Rittern und hohen Beamten Landgüter vermachten.

Thron Karls des Großen, der noch heute im Aachener Dom steht.

Die Gesellschaftspyramide

Die mittelalterliche Ordnung beruhte in weiten Teilen Europas auf dem Lehnsprinzip. Weil das lateinische Wort für Lehen »feudum« heißt, sprechen wir von einer Feudalordnung. Diese Ordnung glich einer Pyramide, in der es verschiedene Stockwerke beziehungsweise »Stände« gab.

Über 90 Prozent der Bevölkerung gehörten dem dritten Stand an.

Viele Bauern wurden von ihren Herren nicht besser behandelt als das Vieh. »Der Bauer und sein Stier, das sind zwei grobe Tier«, hieß es bei den höheren Ständen verächtlich.

Das Leben der Kinder

Kinder mussten vor allen Dingen gehorchen. Die Erziehung war sehr streng, egal welchem Stand sie angehörten. Das Leben der Kinder in Handwerker- und Bauernfamilien unterschied sich kaum von dem der Erwachsenen. Für sie gab es keine Kindheit wie du sie heute kennst. Sie gingen auch nicht zur Schule. Sie lernten, indem sie den Erwachsenen zuschauten und ihnen bei der Arbeit halfen. Doch gespielt haben die Kinder auch damals schon. Rasseln, Kreisel, Murmeln, Bälle, Puppen, Steckenpferde waren beliebte Spielzeuge. Im Alter von vier, fünf Jahren mussten die Kinder dann immer öfter in Haus und Hof mitarbeiten. Sie wurden sehr früh verheiratet, Mädchen oft schon mit 13, Jungen mit 18 bis 20 Jahren. Aus dem Kloster Weitenau im Schwarzwald ist zum Beispiel eine Vorschrift überliefert, die besagt, dass Mädchen, die mit 14 Jahren noch nicht verheiratet waren, »ein Pfund Strafe« zahlen und dann umgehend heiraten mussten. Denn je früher und je mehr Kinder sie bekamen, desto mehr Untertanen hatten ihre Herren. Und je mehr Untertanen für sie arbeiteten, desto besser ging es ihnen.

Auch die Kinder des ersten und zweiten Standes hatten es nicht leicht. Söhne von Rittern zum Beispiel mussten ihre Eltern schon mit sieben Jahren verlassen. Auf einer anderen Burg wurden sie dann zu Rittern ausgebildet. Das dauerte insgesamt 14 Jahre. Für alle »höheren« Kinder war gutes Benehmen sehr wichtig. Das wurde ihnen oft regelrecht eingeprügelt. Wut, Lachen und Weinen galt als unschicklich. Deswegen mussten die Kinder lernen, sich zu beherrschen.

Die Städte wachsen

Vor etwa tausend Jahren fiel das Frankenreich auseinander. Mit dem Entstehen eines ostfränkischen Reiches begann endgültig die deutsche Geschichte, auch wenn von Deutschland noch keine Rede war.

Damals gab es in diesem Reich etwa 200 Städte. Das waren natürlich keine Großstädte, wie wir sie heute kennen. Die meisten hatten nicht einmal tausend Einwohner. Neben den alten Römerstädten wie Trier, Worms, Köln und Mainz entstanden neue wie Speyer, Freiburg im Breisgau, Leipzig oder Lübeck.

Handelsstraßen

Weil der Handel mit Gütern aus nah und fern zunahm, brauchten die Händler sichere Plätze, wo sie ihre Waren lagern und anbieten konnten. Deswegen wuchsen viele neue Siedlungen an Kreuzungen wichtiger Handelswege. Zu den bekanntesten gehörten die sogenannten Salzstraßen. Weil Salz nicht überall verfügbar war, zum Leben aber dringend gebraucht wurde, entstanden vor allem zwischen Gebieten ohne Salz und den Salzbergwerken solche Straßen. Allerdings waren das keine geteerten Straßen, sondern unebene, holprige Wege, auf denen es oft Rad- und Achsenbrüche gab. Der Transport des Salzes und der anderen Waren ging also nur sehr langsam voran.

»Erstes Reich«
Mit dem Aussterben der Karolinger fiel das Frankenreich auseinander. Im Jahr 911 wählten die ostfränkischen Stammesfürsten Konrad I. zu ihrem König. Damit begann die Entwicklung zu einem Deutschen Reich, das man später etwas umständlich »Heiliges Römisches Reich Deutscher Nation« nannte. Es bestand bis 1806.

Lübeck

Hamburg

Magdeburg

Auch an Flussübergängen und in der Nähe von Burgen und Klöstern entstanden Ortschaften, die mit der Zeit zu Städten wurden.

Paderborn

Stadtleben

Das äußere Kennzeichen einer Stadt war die Stadtmauer. Innerhalb dieser Mauer spielte sich das Leben ab. Und je mehr Leute in die Stadt zogen, desto enger wurde es. Weil es noch keine Kanalisation gab, schütteten die Bewohner ihre Abfälle einfach auf die Straßen und in die Bäche. Deswegen stank es oft gewaltig.

Wenn es in einem Haus brannte, war häufig nicht genug Wasser da, um zu löschen. Und weil die Häuser so eng aneinander gebaut waren, brannten manchmal ganze Stadtviertel nieder. Dann mussten die Leute mühsam wieder alles aufbauen. Nur weil sie das immer wieder taten, können wir heute noch mittelalterliche Städte besichtigen.

Mainz
Worms
Speyer

Freiburg i. B.

Der Marktplatz

Wo befindet sich heute meist das Zentrum einer Stadt? Klar, um den Marktplatz herum. Das war damals schon so. Auf dem Marktplatz boten Kaufleute, Handwerker und Bauern ihre Waren an. Es herrschte ein buntes Treiben. Wer seine Waren auf dem Markt verkaufen wollte, musste aber zuvor dem Stadtherrn – das war entweder der König, Herzog, Bischof oder Graf – etwas dafür bezahlen. Diese Marktgebühren und Zölle wurden zu neuen Einnahmequellen für die Stadtherren. Deshalb waren sie sehr daran interessiert, Kaufleute und Handwerker in ihre Städte zu locken. Und es zogen bald auch immer mehr Menschen vom Land in die Stadt. Neue **Bürger** mussten anfangs keine Steuern zahlen, durften ihren Beruf frei wählen und heiraten, wen sie wollten. »Stadtluft macht frei!« wurde zu einem bekannten Schlagwort jener Zeit.

Die wohlhabenden Bewohner einer Stadt, die mehr Rechte besaßen als die einfachen »Einwohner« und die Bauern.

Mittelalter

Reichtum ...

Handwerk und Handel blühten auf, viele Kaufleute und später auch Handwerksmeister verdienten gut und wurden wohlhabend. Diese städtische Oberschicht nannte man Patrizier. So hatten sich im alten Rom die reichen und angesehenen Bürger genannt. Bei einer Führung durch eine Stadt mit mittelalterlichen Wurzeln hast du vielleicht schon einmal Patrizierhäuser gesehen. Sie sind besonders groß und vornehm und heben sich durch ihre verzierte Fassade deutlich von anderen Häusern ab. Hier lebten damals die wohlhabenden Bürger. Mit ihrem Reichtum wuchs auch ihr Selbstbewusstsein, und bald wollten sie bei der Stadt**politik** mitsprechen und die Macht nicht mehr allein den adligen Herrschaften überlassen. Nach und nach erkämpften sie sich das Recht, einen Stadtrat zu wählen und aus dessen Reihen einen Bürgermeister zu bestimmen. Man kann sagen, dass ab dem 13. Jahrhundert die Städte fest in den Händen der Patrizier waren.

> Alle Handlungen, die sich auf das Leben der Menschen in einem Staat auswirken. Dazu gehört vor allem das Beschließen von Gesetzen und Verordnungen.

... und Armut in der Stadt

Von einem Leben, wie die Patrizier es führten, konnten Mägde, Knechte und Handwerksburschen nur träumen. Sie wohnten oft im Haus ihrer Herren und Meister und hatten zu tun, was man ihnen befahl. Sie waren tatsächlich kaum freier als die Bauern auf dem Land und wie diese sehr arm, obwohl sie von morgens bis abends hart arbeiteten.

Karl der Große vereinte um 800 zum ersten Mal alle germanischen Stämme in einem Reich. Die einfachen Menschen führten in diesem Reich ein ziemlich beschwerliches Leben.

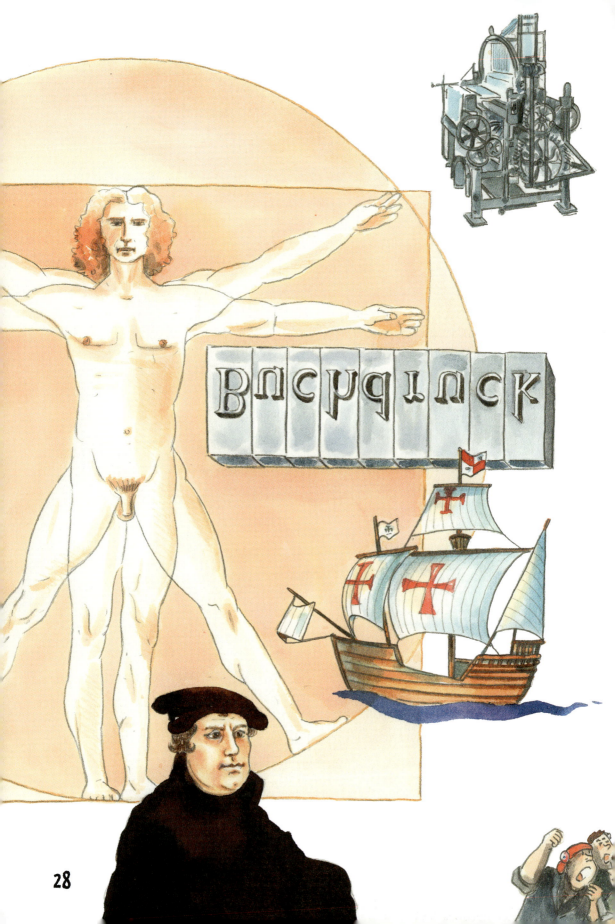

Aufbruch in eine neue Zeit – Vom neuen Weltbild, von Glaubenskriegen und Freiheitskämpfen

Du hast bestimmt schon mal gehört, dass die Menschen früher glaubten, die Erde sei eine Scheibe, von der man hinunterfallen könne. Dass das nicht so ist, bewiesen Gelehrte und mutige Seefahrer um 1500. In dieser Zeit wurden viele Entdeckungen gemacht, die ein neues Bild von der Erde, vom Universum und auch vom Menschen ergaben. Jahrhundertelang hatte der Glaube das Leben bestimmt, doch nun begannen die Menschen zu fragen, ob alles richtig sei, was ihnen in der Kirche erzählt wurde. Dieses kritische Fragen führte schließlich dazu, dass immer mehr Menschen gegen alte Abhängigkeiten und für mehr Rechte und Freiheiten kämpften.

Erkenntnisse, Entdeckungen und Erfindungen

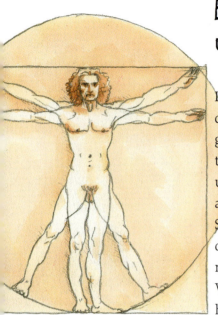

Das ganze Mittelalter hindurch hatte die große Mehrheit der Menschen in Europa ein fest gefügtes Weltbild. Die gesellschaftliche Ordnung und ihr eigenes Schicksal betrachteten sie als von Gott gegeben und darum ewig und unerschütterlich. Nun aber traten Gelehrte und Künstler auf, die an diesem Weltbild rüttelten. Sie hatten wichtige Schriften großer griechischer und römischer Denker wiederentdeckt, die über Jahrhunderte vergessen worden waren. Was sie lasen, führte sie zu einer neuen Sicht der Welt und des Menschen. Das nun beginnende Zeitalter hat davon seinen Namen: »Renaissance«, was so viel wie »Wiedergeburt« bedeutet. Mit der Renaissance der Antike sollte eine neue Zeit beginnen.

Der Mensch lebt jetzt

Die mittelalterlich-christliche Auffassung, nach der das Leben in dieser Welt vor allem der Vorbereitung auf das Leben nach dem Tod im Jenseits diene, galt nun nicht mehr. Man wandte sich dem Diesseits zu, also dem Leben im Hier und Jetzt, und entwarf ein neues Menschenbild. Der Mensch sollte über sich und sein Leben selbst entscheiden und seine Fähigkeiten voll entfalten können. Als Voraussetzung dafür galt eine umfassende Bildung, die

sich am antiken Vorbild orientierte. Weil der Mensch im Mittelpunkt dieses Denkens stand, spricht man vom »Humanismus«. Der Begriff stammt von den lateinischen Wörtern »humanus« (menschlich) und »humanitas« (Menschlichkeit).

Erfinder und Entdecker

Dass die neuen Gedanken und Erkenntnisse schneller verbreitet werden konnten als jemals zuvor, war einer wichtigen Erfindung zu verdanken: dem Buchdruck. Um 1450 war es dem Mainzer Johannes Gutenberg (um 1400–1468) erstmals gelungen, Bücher mit beweglichen Buchstaben aus Metall zu drucken. Das ging schneller und war billiger, als Bücher in mittelalterlichen Schreibstuben mit der Hand zu schreiben oder mit hölzernen Druckstöcken herzustellen.

Johannes Gutenberg

Santa Maria

Christoph Kolumbus

Auch Welterforscher und Seefahrer machten sich auf neue Wege. Der berühmteste von ihnen wurde Christoph Kolumbus (1451–1506). Er hatte eine ebenso einfache wie geniale Idee: Wenn die Erde ein Kugel war, dann musste man von Spanien aus nur lange genug nach Westen segeln, um im fernen Osten zu landen. Also machte er sich im August 1492 mit drei Schiffen auf den Weg nach Indien. Im Oktober kam endlich Land in Sicht. Weil Kolumbus glaubte, es handle sich um Indien, nannte er die Bewohner Indianer. Dass er »aus Versehen« eine neue Welt entdeckt hatte, nämlich Amerika, konnte er damals noch nicht wissen.

Pinta

Nina

Glaubensstreit und Glaubenskriege

Trotz Renaissance und Humanismus lebten die meisten Menschen um 1500 immer noch in der Angst, nach dem Tod im Fegefeuer der Hölle schmoren zu müssen. Aus dieser Angst machte die Kirche ein Geschäft, den sogenannten »Ablasshandel«. Was ist denn das nun wieder, fragst du jetzt vermutlich. Nun, der Papst schickte Prediger aus, die den Menschen erzählten, sie könnten von ihren Sünden befreit und von den Qualen der Hölle verschont werden, wenn sie dafür einen »Ablass« bezahlten. Du kannst dir sicher denken, dass die Menschen zahlten, um sich von ihren Sünden freizukaufen; manche mit dem letzten Geld, das sie noch hatten.

Luthers neue Lehre

Über diesen Handel empörte sich der Mönch und Theologieprofessor Martin Luther (1483 – 1546). Er wandte sich im Oktober 1517 mit 95 Lehrsätzen, den sogenannten Thesen, in Wittenberg gegen den Ablasshandel und gegen Missstände in der Kirche. Er begründete aus der Bibel, dass die Ablassprediger sich entweder irrten oder den Menschen bewusst die Unwahrheit erzählten. Luthers Thesen erregten Aufsehen. Innerhalb kurzer Zeit wurden sie in großer Zahl gedruckt und verbreitet. Die Menschen begriffen, dass es dem Papst und den Bischöfen mehr um ihr Geld als um ihr Seelenheil ging.

Martin Luther

Wartburg

Luthers Freunde und Feinde

Viele Christen teilten Luthers Kritik an der Kirche, und so gewann er schnell zahlreiche Anhänger, die mit ihm einiges ändern wollten. Das wollten die Kirchenfürsten verhindern. Der Papst verlangte von Luther, seine »Irrlehren« zu widerrufen. Im Jahr 1521 musste der »widerspenstige Mönch« auf Befehl des Kaisers vor dem Reichstag in Worms erscheinen. Vor den hohen weltlichen und geistlichen Fürsten sollte er endlich widerrufen. Aber Luther blieb auch hier standhaft und wäre wohl auf dem Scheiterhaufen verbrannt worden, wenn nicht Friedrich der Weise von Sachsen gewesen wäre. Heute würde man sagen, er war ein »Fan« von Luther. Er entführte Luther heimlich und brachte ihn auf die Wartburg bei Eisenach. Dort versteckte Luther sich, ließ sich einen Bart wachsen und lebte zehn Monate unter dem Namen »Junker Jörg«. In dieser Zeit übersetzte er das Neue Testament erstmals in ein verständliches Deutsch. Obwohl Luther anfangs keineswegs daran gedacht hatte, entwickelte sich durch die Auseinandersetzung mit dem alten, dem katholischen Glauben nun doch eine neue, die lutherische Lehre.

Die Religionskriege

Bald standen sich die beiden Lager unversöhnlich gegenüber; 1546 begann sogar ein Krieg zwischen ihnen. Im anschließenden »Augsburger Religionsfrieden« von 1555 wurde die lutherische Lehre und damit die neue, die protestantische oder evangelische Kirche als gleichberechtigt anerkannt. Jeder Fürst in Deutschland konnte von nun an entscheiden, welche Religion in seinem Land gelten sollte.

Doch Ruhe kehrte damit nicht ein. Immer wieder kam es zu Auseinandersetzungen zwischen Katholiken und Protestanten, die schließlich im Jahr 1618 in den Dreißigjährigen Krieg führten. Soldaten zogen kreuz und quer durch Europa und kämpften gegeneinander. Die Landbevölkerung litt besonders, denn die Soldaten holten das Vieh aus den Ställen, plünderten die Hütten aus, erschlugen viele Bauern und brannten ganze Dörfer nieder.

Der »Westfälische Friede« vom Oktober 1648 beendete den verheerenden Krieg. Hatte das Reich zu Beginn des Krieges etwa 17 Millionen Einwohner, so waren es am Ende noch ungefähr zehn Millionen. Diese bewohnten ein verwüstetes Land, das Jahrzehnte brauchte, um die Folgen des Krieges zu überwinden.

Versailles

Könige sind auch nur Menschen

Die neue Führungsmacht in Europa wurde Frankreich. »Der Staat bin ich!« soll Ludwig der Vierzehnte als junger König von Frankreich sehr selbstbewusst gesagt haben. »Sonnenkönig« wurde er genannt, weil er weit über allen Franzosen thronte. Er bestimmte, was im Land zu geschehen hatte; er erließ neue Gesetze, und selbst über Krieg und Frieden entschied er allein. Er besaß also die ganze, die absolute Macht im Staat. Ludwig der Vierzehnte regierte »absolutistisch« und gab damit einem ganzen Zeitabschnitt den Namen Absolutismus.

Prunkvolle neue Schlösser

Für einen König wie Ludwig den Vierzehnten waren die vorhandenen Schlösser natürlich nicht gut genug. Also ließ er in Versailles ein neues bauen, wie die Welt noch keines gesehen hatte. Dort führte er mit der Hofgesellschaft ein Leben in Saus und Braus. Die Lebensweise und der Regierungsstil des Sonnenkönigs wurden für viele Fürsten in Europa zum Vorbild; sie wollten zumindest kleine Sonnenkönige sein. Wie Ludwig ließen sie prächtige Schlösser bauen und genossen das Leben darin. Und überall hatte das einfache Volk darunter zu leiden; vor allem die Bauern: Sie zahlten Steuern und Abgaben und mussten noch beim Bau der oft riesigen Schlösser, Kirchen und Rathäuser mitarbeiten.

Ludwig der Vierzehnte

Friedrich der Große

Es gab aber auch Fürsten, die sich nicht wie Sonnenkönige aufführten. Einer von ihnen war der **preußische** König Friedrich der Große. Er betrachtete das Land nicht als persönlichen Besitz, sondern nannte sich selbst den »ersten Diener des Staates«. Nach seiner Auffassung hatte jeder die Pflicht, dem Staat mit ganzer Kraft zu dienen, der König genauso wie der Bauer.

Friedrich der Große war sehr gebildet. Er las auch Schriften der bedeutendsten Philosophen seiner Zeit. Sie schrieben, die großen Unterschiede zwischen den Menschen seien nicht von Gott gemacht. Vor Gott seien alle Menschen gleich, alle hätten natürliche Rechte, die ihnen niemand nehmen dürfe, auch nicht der König. Der sei keineswegs göttlich, sondern ein Mensch wie alle anderen und habe die Aufgabe, für das Wohl aller Menschen im Land zu sorgen.

Preußen war seit 1701 ein Königreich, das sich zum größten und mächtigsten Staat im Deutschen Reich entwickelte.

Friedrich der Große beim Musizieren

Aufbruch in eine neue Zeit

Wappen
Friedrichs des Großen

Der Begriff Philosophie kommt aus dem Griechischen und bedeutet »Liebe zur Weisheit«. Philosophen denken über die Welt und den Menschen nach und fragen dabei auch nach dem Sinn des Lebens.

Friedrich der Große war nicht mit allem einverstanden, was diese **Philosophen**, die man »Aufklärer« nannte, schrieben. Er wurde ein strenger Herrscher, der mehrere Kriege führte, um Preußen größer und mächtiger zu machen. Er rüttelte auch nicht an der Ständeordnung. Aber innerhalb seines Standes sollte jeder zufrieden leben können. Dazu diente auch eine neue Rechtsordnung mit gleichen Rechten für alle Stände. Und jeder konnte seine Religion frei wählen. Das war zu jener Zeit sehr fortschrittlich.

Die Menschen kämpfen für die Freiheit

Wörtlich bedeutet das Wort »die Umdrehung«. Bei einer Revolution wird also etwas umgedreht. Man versteht darunter eine schnelle, manchmal auch gewaltsame Veränderung von etwas Bestehendem.

Unabhängig davon, wie ein König regierte, mussten die einfachen Leute mit ihren Steuern und Abgaben alles im Staat bezahlen. Lange Zeit ertrugen sie auch die schwersten Lasten und murrten höchstens leise. Aber irgendwann konnten sie nicht mehr und beschwerten sich. Doch das wurde von den Herrschenden nicht ernst genommen.

Frankreich stürmt voran

Die Unzufriedenheit der Menschen wuchs in allen europäischen Staaten. Als Erste waren die Menschen in Frankreich nicht mehr bereit, sich alles gefallen zu lassen. Im Sommer 1789 zogen sie in Paris bewaffnet durch die Straßen und stürmten die Bastille, das berüchtigte Staatsgefängnis. Damit begann die Französische Revolution, in deren Verlauf der König und die Königin hingerichtet wurden.

»Freiheit, Gleichheit, Brüderlichkeit« lautete nun die Parole. Zum ersten Mal in Europa wurden Menschen- und Bürgerrechte verkündet, die sich an den Forderungen der Aufklärer orientierten. Der erster Artikel lautete:

»Die Menschen werden frei und gleich an Rechten geboren und bleiben es.«

Bayern

Preußen

Württemberg

Was geschieht bei uns?

Was hat denn die Französische Revolution mit der deutschen Geschichte zu tun?

Viel, sehr viel sogar! Obwohl es in Deutschland damals nicht zu einer Revolution kam, waren die Gedanken und Forderungen der französischen Revolutionäre nun auch in vielen deutschen Köpfen.

Deutschland? Deutsche Köpfe? Gab es das damals überhaupt? Genau genommen nicht. Das staatliche Gebilde hatte seit dem Mittelalter einen umständlichen Namen: »Heiliges Römisches Reich Deutscher Nation«. Dieses Gebilde bestand aus vielen weltlichen und geistlichen Herrschaftsgebieten und sah aus wie ein bunter Flickenteppich. Und die Menschen fühlten sich noch nicht als Deutsche, sondern zum Beispiel als Bayern, Württemberger, Hessen, Preußen oder Sachsen.

Napoleons Herrschaft

Napoleon Bonaparte

Ausgerechnet ein Franzose änderte alles: Napoleon Bonaparte. Er besiegte mit seiner Armee die einzelnen Länder und ordnete das Reich neu.

Viele Menschen in Deutschland hofften, Napoleon werde ihnen die Errungenschaften der Französischen Revolution, vor allem Freiheit und Gleichheit, bringen. Es gab auch tatsächlich einige Verbesserungen, doch in der Politik mitreden oder gar mitregieren durfte das Volk nicht. Deswegen regte sich bald Widerstand, und es entstand eine nationale Bewegung, die das Land von der französischen Fremdherrschaft befreien wollte. Zum ersten

Sachsen

Mal zogen Bürger aus allen deutschen Landen freiwillig und gemeinsam in den Krieg. Mit ihnen marschierten Soldaten aus Österreich, Russland und Schweden. Vom 16. bis zum 19. Oktober 1813 kam es zu der Völkerschlacht bei Leipzig. In der größten Feldschlacht, die es bis dahin je gegeben hatte, wurde die französische Armee geschlagen; 100 000 Soldaten wurden dabei getötet.

Mit dieser Niederlage war Napoleons Herrschaft zu Ende.

Nun träumten viele Menschen von einem vereinten Deutschland. Doch bis dahin war es noch ein weiter Weg.

Ungetüme aus Stahl und weitere Neuerungen

Zu allen Zeiten gab es größenwahnsinnige Männer, die ganz Europa, ja sogar die ganze Welt beherrschen wollten. Sie alle brachten viel Leid über die Menschen und wurden früher oder später gestürzt. Einer von ihnen war Napoleon. Nach dem Ende seiner Herrschaft wollten die europäischen Fürsten auf dem Wiener Kongress vom Herbst 1814 bis zum Sommer 1815 Europa neu ordnen. Dabei bereitete die deutsche Frage wieder einmal besondere Probleme, denn ein vereintes Deutschland schien den Fürsten zu groß und zu mächtig.

Wer bekommt die Macht?

Stattdessen schufen sie einen »Deutschen Bund«, in dem 39 selbstständige Staaten locker zusammengeschlossen waren. Das Volk hatte in diesem Bund nichts zu sagen. Die Macht lag wie bisher bei den Fürsten.

Die Menschen waren sehr enttäuscht. Dafür hatten sie doch nicht gegen Napoleons Armee gekämpft.

Technische Neuerungen

Während sich die Fürsten mit allen Mitteln gegen politische Veränderungen wehrten, machten Naturwissenschaftler und Techniker bahnbrechende Entdeckungen und Erfindungen. Dampfmaschine, Eisenbahn und mechanischer Webstuhl veränderten in dieser Zeit die Welt rasanter, grundlegender und dauerhafter als die Taten und Untaten von Fürsten und Revolutionären. Jetzt fragst du dich wahrscheinlich, was Dampfmaschinen und Eisenbahnen mit der deutschen Einheit zu tun haben!

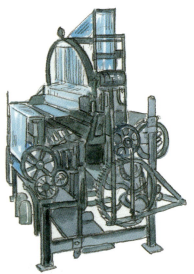

Mechanischer Webstuhl

Dampfmaschine

Zollschranken fallen weg

Nun, die Fabrikbesitzer forderten immer lauter einen großen deutschen Markt ohne Grenzen, damit die Waren ungehindert, ohne Zölle und damit möglichst billig von einem Ort zum anderen gelangen konnten. Und die Regierungen hörten die Rufe der Fabrikanten, denn ein reibungsloser Warenaustausch und damit mehr Wachstum war auch in ihrem Sinn. Nach schwierigen Verhandlungen gründeten 18 Staaten unter Führung Preußens den »Deutschen Zollverein«, und am 1. Januar 1834 fielen zwischen ihnen die Zollschranken. Das war ein wichtiger Schritt auf dem Weg zu einem vereinten Deutschland. Dem Deutschen Zollverein schlossen sich nach und nach weitere deutsche Staaten an.

Elektrische Glühbirne

Neue Gedanken und Erkenntnisse veränderten das Bild vom Menschen. Viele wehrten sich gegen die Herrschenden und kämpften für mehr Rechte.

Telegraf

Fotoapparat

Das Deutsche Reich und die Weltkriege – Das dunkelste Kapitel deutscher Geschichte

Du weißt jetzt, dass die Deutschen sich lange ein einiges Vaterland gewünscht haben. Im Jahr 1841 brachte der Dichter Hoffmann von Fallersleben diesen Wunsch auf den Punkt. Er schrieb den Text für eine Nationalhymne, der damals mit folgenden Worten begann: »Deutschland, Deutschland über alles, über alles in der Welt.« Dem Dichter war also nichts so wichtig wie ein vereintes Vaterland. Leider wurde das von anderen später so ausgelegt, dass Deutschland besser sei als andere Länder und über ihnen stehe. Und je mächtiger Deutschland wurde, desto gefährlicher wurde es für seine Nachbarn.

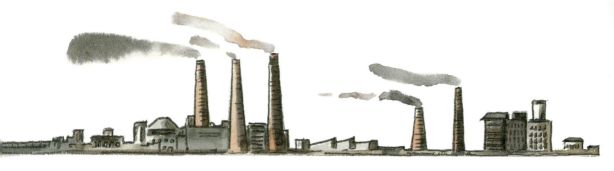

»Einigkeit und Recht und Freiheit ...«

Die von England ausgehende Industrialisierung veränderte das Leben der Menschen in kurzer Zeit so grundlegend, dass man auch von einer »industriellen Revolution« spricht. Fabriken wurden gebaut, in denen immer mehr Maschinen den Menschen immer mehr Arbeiten abnahmen. Da die meisten Menschen aber außer ihrer Arbeitskraft kaum etwas besaßen, waren sie auf Arbeit angewiesen, um Geld zu verdienen und überleben zu können. Und weil es mehr Arbeitsuchende als Arbeitsplätze gab, konnten die Fabrikanten die Löhne sehr niedrig halten. Oft reichte das Geld hinten und vorne nicht, dann mussten schon Kinder in Werkstätten und Fabriken mitarbeiten.

»Diese Sklavenkinder hören nichts als das Geschnurr der Maschinen, an die sie vom siebten oder achten Lebensjahre an geschmiedet werden, ihr Leben lang. Wie ist da an eine fröhliche Entfaltung des Leibes und des Geistes zu denken? Nein, diese Kinder verkrüppeln an Seele und Leib.«
Adolf Diesterweg, 1828

Der Sturz des französischen Königs

Die Lage der armen Bevölkerung wurde durch Missernten noch verschlimmert. In vielen Familien gab es nicht mehr genug zu essen. Die von der Arbeit ohnehin geschwächten Kinder wurden oft krank. Und weil für Medizin kein Geld da war, starben sehr viele Kinder.

»Es muss sich etwas ändern, sonst verhungern wir noch alle!«, sagten zum Beispiel die Leinenweber in Schlesien. Im Juni 1844 zogen sie vor die Fabriken und verlangten mehr Lohn für ihre Arbeit. Zwar wurde der Aufstand von Polizei und Militär niedergeschlagen, aber damit waren die Probleme nicht gelöst. Die Unzufriedenheit der Menschen wuchs, nicht nur in Deutschland, sondern in ganz Europa.

Im Frühjahr 1848 jagten die Franzosen ihren König vom Thron, riefen die Republik aus und setzten eine neue Regierung ein. Die Nachricht verbreitete sich rasch in ganz Europa. In fast allen deutschen Ländern kam es im März 1848 zu Demonstrationen und Straßenkämpfen. Um das Volk zu besänftigen, gaben die Fürsten erstmals nach und versprachen **Reformen**.

Eine geplante, schrittweise und gewaltlose Umgestaltung bestehender Verhältnisse

Das Deutsche Reich

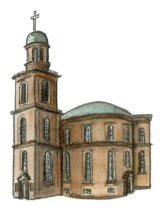

Paulskirche

Demokratie bedeutet Volksherrschaft. Der Wille des Volkes wird in freien und geheimen Wahlen ausgedrückt. Die gewählten Frauen und Männer sollen dann im Sinne des Volkes handeln.

»Gegen Demokraten helfen nur Soldaten!«
Friedrich Wilhelm der Vierte

Die deutsche Verfassung

Im Mai 1848 traten 586 gewählte Volksvertreter in der Frankfurter Paulskirche zur ersten Deutschen Nationalversammlung zusammen, um zum ersten Mal in der deutschen Geschichte eine **demokratische** Verfassung auszuarbeiten: Ein vom Volk gewählter Reichstag sollte die Gesetze beschließen und die Regierung kontrollieren.

Als die Verfassung Ende März 1849 endlich verabschiedet war, machten sich Abgeordnete auf den Weg nach Berlin, um dem preußischen König Friedrich Wilhelm dem Vierten die Kaiserkrone anzubieten. Aber der betrachtete sich als König von Gottes Gnaden und wollte keine Krone aus den Händen von Volksvertretern. Und bald marschierten die Soldaten auch wieder. Die Anführer wurden erschossen und an die tausend Revolutionäre zu hohen Gefängnisstrafen verurteilt. Viele Demokraten konnten sich nur durch die Flucht ins Ausland retten. Wieder einmal hatten es die Deutschen nicht geschafft, den Fürsten die Macht zu entreißen und die Herrschaft des Volkes durchzusetzen.

Das deutsche Kaiserreich

Im Jahr 1861 wurde Wilhelm der Erste als Nachfolger seines verstorbenen Bruders Friedrich Wilhelm der Vierte preußischer König. Im September 1862 ernannte er Otto von Bismarck (1815 – 1898) zum preußischen Ministerpräsidenten. Und Bismarck wurde zum neuen starken Mann der deutschen Politik. Sein Ziel war ein deutscher Staat ohne Österreich unter preußischer Führung. Und dafür war ihm jedes Mittel recht - auch Kriege. Im ersten Krieg 1866 besiegte Preußens Armee Österreich und drängte es aus dem Deutschen Bund hinaus. Vier Jahre später wurde Frankreich besiegt und Bismarck als Held gefeiert. Er nutzte die gute Stimmung, um seine Pläne zu verwirklichen. Am 18. Januar 1871 wurde im Spiegelsaal von Versailles der preußische König zum Deutschen Kaiser Wilhelm der Erste ausgerufen. Das war die Geburtsstunde des Deutschen Kaiserreichs.

Kaiser Wilhelm der Erste

»Zweites Reich«
Am 18. Januar 1871 wurde der preußische König Wilhelm der Erste im Schloss Versailles zum Deutschen Kaiser ausgerufen. Damit wurde gleichzeitig das Deutsche Reich gegründet. Es endete am 9. November 1918 mit der Abdankung von Kaiser Wilhelm dem Zweiten.

Otto von Bismarck

49
Das Deutsche Reich

Nicht alles ist perfekt

Auf den ersten Blick waren die Deutschen am Ziel ihrer Träume angekommen: Sie hatten einen Kaiser, ein Reich und drei Monate später auch eine Verfassung. Aber war dieses Kaiserreich wirklich das, wovon sie so lange geträumt hatten? Das neue Reich war ein Werk der Fürsten. Es gab zwar den von deutschen Männern – Frauen durften noch nicht zur Wahl gehen – gewählten Reichstag, aber der konnte letztlich nichts entscheiden. Über die Regierung hatte er keinerlei Kontrolle. Sie war nur dem Kaiser verantwortlich. Er und der Reichskanzler – von 1871 bis 1890 war das Bismarck – bestimmten die Politik.

Viele Menschen hatten von einem demokratischen und sozialen Deutschland geträumt, in dem es gerechter zugehen werde als bisher. Sie alle waren nun sehr enttäuscht.

Vom Land in die Städte

Für den Alltag der Menschen in Deutschland war die wirtschaftliche Entwicklung wichtiger als die Reichsgründung. Die zunehmende Industrialisierung veränderte nämlich die Arbeits- und Lebensbedingungen radikal. Sie machte aus den meisten Bauern Industriearbeiter, aus Landbewohnern Stadtmenschen.

Wachsende Städte, wachsende Probleme

Alles war in Bewegung. Die Städte explodierten förmlich. Hatte Berlin 1850 noch etwa 400 000 Einwohner, so waren es um 1900 schon 2 Millionen. In Hamburg schnellte die Einwohnerzahl von 130 000 auf 700 000 hoch. So ähnlich war es auch in anderen Städten. Der Wohnungsbau konnte da nicht mehr mithalten. Als Folge stiegen die Mieten so kräftig, dass viele Zuwanderer sie nicht bezahlen konnten. Diese bauten dann an den Stadträndern Bretterbuden für ihre Familien. Um diese Zeit entstanden auch die ersten »Mietskasernen«, in denen Arbeiterfamilien auf engstem Raum leben mussten. So hausten in Berlin die Hälfte aller Familien in einem Raum, der nicht größer war als heute die meisten Kinderzimmer.

Wenn sie mehrere Kinder und viel Glück hatten, bekamen sie wenigstens zwei Räume. Die waren duster, muffig und feucht. Viele Familien vermieteten sogar noch einen Platz an sogenannte Schlafburschen, damit sie ein paar Groschen einnahmen. Die Toiletten befanden sich im Treppenhaus oder im Hof und wurden von vielen Leuten benutzt. Vor allem die Kinder litten unter diesen Verhältnissen. Sie bekamen kaum genug zu essen, waren oft krank und die Hälfte von ihnen wurde keine 14 Jahre alt.

Auf der anderen Seite wuchs der Wohlstand derer, die von dem Wirtschaftsaufschwung am meisten profitierten: Fabrikanten, Großgrundbesitzer und Bankiers.

Bismarck und die Arbeiter

Die sozialen Gegensätze bargen eine Menge Sprengstoff für das Reich. Und Bismarck ahnte früh, dass sich die Arbeiter zusammenschließen würden – wenn man das nicht durch soziale Maßnahmen verhinderte. Das versuchte er mit einer für die damalige Zeit vorbildlichen Sozialgesetzgebung: Es gab jetzt eine Versicherung gegen Krankheit, Unfall, Alter und Arbeitsunfähigkeit. Doch das Entstehen von Arbeitervereinen und der Sozialdemokratischen Arbeiterpartei (SDAP) konnte er damit nicht verhindern. Also ließ er sie durch ein Gesetz verbieten. Aber die **Partei** arbeitete im Untergrund weiter und blieb als politische Kraft erhalten. Als sie 1890 wieder zu den Wahlen zugelassen wurde, erhielt sie die meisten Wählerstimmen.

Zusammenschluss von Menschen mit ähnlichen Vorstellungen darüber, was in einem Staat geschehen soll. Ihr Ziel ist, möglichst viel Macht zu bekommen, um ihre Vorstellungen verwirklichen zu können.

Der Aufbau der Gesellschaft

Politisch konnte die »Sozialdemokratische Partei Deutschlands« (SPD), wie sich die Partei seit 1890 nannte, trotz ihres Wahlerfolges aber nicht viel bewirken. Denn trotz der industriellen Revolution und der Erneuerung aller Lebensbereiche glich der Gesellschaftsaufbau nach wie vor der mittelalterlichen Ständeordnung mit Kaiser und Adel an der Spitze.

Für Arbeiter- und Bauernkinder war es schwer, in der Gesellschaft aufzusteigen, was »oben« auch nicht gewünscht wurde. Jeder sollte wissen, wo sein Platz ist, und nur die für seinen Stand und seine Arbeit nötigen Kenntnisse erwerben.

Da der Platz der Frauen durch die drei »K« – Kinder, Küche, Kirche – festgelegt war, sollten Mädchen auch nur lernen, was sie dafür brauchten. Deswegen durften sie auch kein Gymnasium besuchen und nicht studieren. Das wurde ihnen erst um 1900 erlaubt. Sie würden ja ohnehin heiraten und dann von ihrem Mann versorgt werden. Er war das Oberhaupt der Familie, die Frau war ihm auch rechtlich untergeordnet.

Nur sehr langsam änderte sich an der Benachteiligung von Mädchen und Frauen etwas. Mutige, kluge Frauen gründeten Frauenvereine und Frauenzeitschriften, in denen sie mehr Rechte forderten.

»Menschenrechte haben kein Geschlecht.«
Wahlspruch der Frauenvereine

Wem gehört die Welt?

In der zweiten Hälfte des 19. Jahrhunderts begann zwischen den industrialisierten Staaten Europas ein regelrechter Wettlauf um die Eroberung und Beherrschung möglichst vieler Länder in Afrika und Asien. Die eroberten Länder wurden zu Kolonien der »Mutterländer«. Diese holten Bodenschätze, Rohstoffe, landwirtschaftliche Produkte und oft auch billige Arbeitskräfte aus den Kolonien.

Nur Bismarck zögerte, denn sein Ziel war es, das junge Reich im Innern und nach außen zu sichern. An Kolonien in fernen Ländern hatte er kein Interesse.

Doch im Jahr 1888 wurde Wilhelm der Zweite Kaiser und steuerte schon bald einen neuen Kurs. Jetzt war es sein Reich und er wollte darin bestimmen, nicht der Kanzler und nicht der Reichstag, den er ohnehin für ein lästiges Übel hielt. Weil Bismarck mit diesem »neuen Kurs« nicht einverstanden war, wurde er 1890 vom Kaiser entlassen.

Wilhelm der Zweite

»Ich führe euch herrlichen Zeiten entgegen!«
Wilhelm der Zweite

Ausdehnung des Reiches um jeden Preis

Wilhelm redete gern von deutscher Größe und sah das Reich schon als Weltmacht. Deshalb beanspruchte er jetzt auch Kolonien.

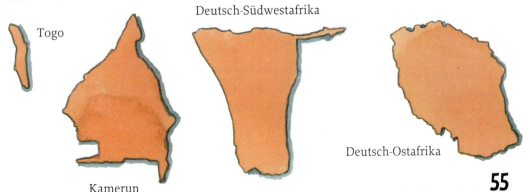

Togo

Deutsch-Südwestafrika

Kamerun

Deutsch-Ostafrika

Das Deutsche Reich

Dazu war vor allem eine große Flotte von Kriegsschiffen nötig. In den anderen europäischen Staaten wurde das »wilhelminische Großmachtstreben« zunehmend misstrauisch beobachtet. Auch sie bauten immer mehr Kriegsschiffe und Waffen, und vorsichtshalber schlossen England, Frankreich und Russland Bündnisverträge. Bald fühlte sich Deutschland allein und ausgegrenzt und sah nur noch Feinde um sich. Der Kaiser und seine Regierung wollten die deutschen Interessen notfalls mit Waffengewalt durchsetzen. So wurde Europa zu einem Pulverfass, das schon beim kleinsten Funken explodieren konnte.

Der Erste Weltkrieg

Und bald schon ging das Pulverfass in die Luft. Auslöser war ein Attentat. Am 28. Juni 1914 wurden der österreichische Thronfolger und seine Frau in Sarajevo, der Hauptstadt Bosniens, von einem serbischen Studenten ermordet. Solche politischen Attentate gab es in der Geschichte immer wieder. Manche führten zu Auseinandersetzungen, die früher oder später beigelegt wurden. In normalen Zeiten wäre das nach dem Attentat von Sarajevo wohl ähnlich verlaufen. Doch in der angespannten Lage, in der sich die europäischen Großmächte bis an die Zähne bewaffnet gegenüberstanden, löste das Attentat einen Krieg aus, der zum Ersten Weltkrieg wurde.

Österreich-Ungarn wollte das Attentat nicht einfach hinnehmen und setzte am 28. Juli seine Soldaten gegen Serbien in Marsch. In den folgenden Tagen machten sich auch die Bündnispartner zum Einsatz bereit: Russland stand Serbien bei. Daraufhin erklärte Deutschland Russland den Krieg und zwei Tage später auch Frankreich. Das Unheil nahm seinen Lauf.

Begeisterung für den Krieg

Fast in ganz Europa wurden die Kriegserklärungen bejubelt. Überall meldeten sich junge Männer und zogen begeistert in den Krieg. Sie gingen davon aus, dass sie für eine gute und gerechte Sache kämpften.

Und sie waren überzeugt, sie würden an Weihnachten wieder zu Hause sein.

Die grausame Wirklichkeit

Doch es kam alles ganz anders: Keine Seite konnte einen schnellen Sieg erringen. Die Soldaten gruben sich in Schützengräben ein, wurden beschossen und schossen selbst. Ein paar Hundert Meter Geländegewinn musste mit vielen Toten bezahlt werden.

Grausamer Höhepunkt des Krieges war die Schlacht von Verdun, einer französischen Festung: Anfang 1916 starben hier etwa 700 000 Franzosen und Deutsche.

Und der Krieg ging weiter. Nicht nur für die Soldaten war er schrecklich. Je länger der Krieg dauerte, desto mehr hatten Frauen und Kinder in der Heimat darunter zu leiden. Sie mussten in Fabriken, Werkstätten und in der Landwirtschaft schwer arbeiten, um die fehlenden Männer zu ersetzen. Lebensmittel und Heizmaterial wurden immer knapper. Besonders schlimm wurde es im Winter 1916/17, der als »Steckrübenwinter« in die Geschichte einging. In vielen Haushalten gab es nichts weiter zu essen als Steckrüben. Hunderttausende starben an Hunger und an den Folgen der Unterernährung.

Der verlorene Krieg

Im September 1918 konnte die Oberste Heeresleitung (OHL) nicht mehr länger leugnen, dass der Krieg verloren war. Doch die Verantwortung für die Niederlage wollten die Generäle nicht übernehmen, die schoben sie den Politikern der demokratischen Parteien zu. Diese mussten zu den Bedingungen der Siegermächte – USA, England, Frankreich und Italien – einen Friedensvertrag unterzeichnen, damit die Waffen endlich schweigen.

»Es lebe die Republik!«

Im Herbst 1918 drohte Deutschland im Chaos zu versinken. Viele Soldaten und Arbeiter gehorchten ihren Vorgesetzten nicht mehr. Sie zogen durch die Straßen und verlangten endlich mehr politische Rechte für das Volk. Der Kaiser floh heimlich nach Holland, die Regierung sah den Menschenmassen staunend und tatenlos zu.

Alles ändert sich

In solchen Umbruchzeiten, wenn die alte Ordnung stürzt und eine neue errichtet werden muss, gibt es in der Regel zwei Gruppierungen: die gemäßigten Kräfte, die die Verhältnisse Schritt für Schritt verändern und das Neue behutsam aus dem Alten wachsen lassen wollen, die Reformer. Und die Revolutionäre, die eine schnelle und radikale Umgestaltung der Verhältnisse wollen. Beides gab es innerhalb der Sozialdemokratie, die nun zur entscheidenden politischen Kraft in Deutschland wurde. Eine Gruppe um Karl Liebknecht und Rosa Luxemburg wollte die Fabrikanten und Großgrundbesitzer enteignen. Arbeiter und Soldaten sollten alle Macht im Land übernehmen.

Karl Liebknecht

Rosa Luxemburg

Das ging den gemäßigten Sozialdemokraten um Friedrich Ebert und Philipp Scheidemann zu weit. Um Liebknecht und Luxemburg zuvorzukommen, stellte sich Scheidemann am 9. November 1918 in ein Fenster des Berliner Reichstagsgebäudes und rief die Republik aus.

»Das Alte und Morsche ist zusammengebrochen, es lebe das Neue, es lebe die Republik!«
Philipp Scheidemann

Die Weimarer Republik

In den folgenden Wochen konnten sich die gemäßigten gegen die radikalen Kräfte behaupten. Mehrere Parteien wurden gegründet, die sich im Januar 1919 zur Wahl der Nationalversammlung stellten. Diese trat dann in Weimar zusammen und erarbeitete eine Verfassung für das Deutsche Reich, die sogenannte Weimarer Republik. In Artikel 1 hieß es: »Das Deutsche Reich ist eine Republik. Die Staatsgewalt geht vom Volke aus.« Damit gab es in der langen deutschen Geschichte zum ersten Mal eine Demokratie. Friedrich Ebert wurde Reichspräsident, Philipp Scheidemann Reichskanzler.

Friedrich Ebert

Philipp Scheidemann

Der Friedensvertrag

Nach dem verlorenen Krieg stand die junge Republik vor großen Schwierigkeiten. Die Wirtschaft war geschwächt, Nahrungsmittel waren knapp. Die zurückkehrenden, oft schwer verwundeten Soldaten mussten versorgt werden, und längst nicht alle Deutschen waren mit einer sozialdemokratisch geführten Regierung einverstanden.

Die Sieger entscheiden über das Deutsche Reich

Die Siegermächte hatten Tag und Ort für die Eröffnung der Friedensverhandlungen sehr bewusst gewählt: Am 18. Januar 1871 war Wilhelm der Erste im Spiegelsaal des Schlosses von Versailles zum Deutschen Kaiser ausgerufen und damit das Deutsche Reich gegründet worden. Auf den Tag genau 48 Jahre später versammelten sich am gleichen Ort die Vertreter der Siegermächte, um über dieses Reich zu richten. Deutschland und seine Verbündeten, so hieß es, seien allein schuld am Ausbruch des Krieges gewesen und müssten deswegen auch für alle Verluste und Schäden aufkommen. Außerdem musste Deutschland Elsass-Lothringen an Frankreich abtreten sowie im Osten des Reiches große Gebiete an Polen und alle Kolonien.

Die deutsche Regierung wollte darüber verhandeln, aber dazu waren die Sieger nicht bereit. Also mussten die Politiker den Friedensvertrag unterzeichnen – damit waren sie in den Augen vieler Menschen für den »Schandfrieden« und die »Schmach von Versailles« verantwortlich, wie man von nun an sagte.

Die »Dolchstoßlegende«

Die Gegner der Weimarer Republik nannten die Regierungspolitiker »Vaterlandsverräter« und behaupteten, sie seien an der Niederlage schuld. Dabei beriefen sie sich auch auf General Hindenburg, der gesagt hatte, die Armee habe den Krieg überhaupt nicht verloren. Vielmehr sei sie »im Felde unbesiegt« gewesen und durch »sozialistische Hetze« und Friedens**propaganda** »von hinten erdolcht« worden. Diese »Dolchstoßlegende« wurde zu einer großen Belastung für die junge Republik, denn viele Deutsche glaubten sie.

Der Versuch, durch Worte, Texte, Bilder und Musik die Meinung der Menschen zu beeinflussen und in eine bestimmte Richtung zu lenken.

Vom goldenen Glanz bis zum Ende der Republik

Bedeutet Geldentwertung. Und das kommt so: Wenn in einem Staat wenig Waren hergestellt werden und gleichzeitig viel Geld gedruckt wird, werden die Waren teurer. Das Geld ist also weniger wert. Und je weiter die Menge der Waren und des Geldes auseinandergehen, desto weniger ist das Geld wert, desto höher ist also die Inflation.

Die Folgen des Kriegs waren im Alltagsleben der jungen Republik überall zu sehen. Kriegsversehrte gehörten ebenso zum Straßenbild wie unterernährte Kinder und Erwachsene. Arbeitslosigkeit sowie Hunger und Not führten zu Diebstählen von Lebensmitteln und Plünderungen von Geschäften. Und wer noch etwas Geld besaß, wurde durch die galoppierende Inflation im Jahr 1923 arm.

Doch trotz der vielen Probleme schafften es die demokratischen Politiker, die schwierigen Anfangsjahre zu überstehen und die junge Republik zu festigen. Wirtschaftlich ging es bergauf, und die Menschen konnten allmählich wieder ein besseres Leben führen. Deutschlands Ansehen in der Welt stieg, und 1926 wurde es in den Völkerbund aufgenommen. Auch Kunst und Wissenschaft erlebten eine Blütezeit. Diese guten Jahre der Weimarer Republik werden die »Goldenen Zwanzigerjahre« genannt. Sie dauerten von 1924 bis 1929. In diesen Jahren feierte »die bessere Gesellschaft« in den Großstädten, vor allem in Berlin, rauschende Partys, besuchte Revuen, in denen leicht bekleidete Mädchen tanzten, hörte neue Musik wie den Jazz und tanzte neue Tänze wie den Charleston. Das ausschweifende Leben einer kleinen Minderheit war aber nur möglich mit dem geliehenen Geld aus den USA.

Cabaret Berlin

Die Krise und ihre Folgen

Der »Schwarze Freitag« beendete diesen Aufschwung mit einem Schlag. Am 25. Oktober 1929 brach die Börse in New York zusammen und löste in Deutschland und der ganzen Welt eine Wirtschaftskrise aus. Nun verlangten amerikanische Banken von Deutschland und anderen europäischen Ländern die sofortige Rückzahlung des geliehenen Geldes samt den Zinsen.

Deutschland, das durch die Folgen des Krieges am höchsten verschuldet war, traf das besonders hart. Die Leute hatten weniger Geld und konnten weniger kaufen. Die Fabriken mussten Arbeiter entlassen, die Arbeitslosigkeit stieg schnell an.

Das Ende der Demokratie ist nahe

Nun sahen die Gegner der Weimarer Republik ihre Chance gekommen. Sie versprachen dem Volk, alles besser zu machen als die demokratischen Politiker. Viele glaubten diesen Versprechungen. Am meisten Zulauf hatte die »Nationalsozialistische Deutsche Arbeiterpartei« (NSDAP). Bei den Reichstagswahlen im Mai 1928 hatte sie noch magere 2,6 % der Stimmen erreicht, im Juli 1932 waren es dann 37,3 %. Damit war die NSDAP stärkste Partei im Reichstag. Am 30. Januar 1933 wurde ihr Vorsitzender Adolf Hitler (1889–1945) Reichskanzler.

Adolf Hitler

Wer war dieser Mann, der mithilfe seiner begeisterten Anhänger zu einer der fürchterlichsten Figuren in der Weltgeschichte wurde? Der den Zweiten Weltkrieg auslöste und den Massenmord an Millionen Juden zu verantworten hatte? Sein Aufstieg erscheint im Rückblick beinahe unbegreiflich.

Adolf Hitler

Seine Kindheit und Jugend

Adolf Hitler wurde im österreichischen Braunau am Inn geboren und verließ die Schule ohne Abschluss. Später zog er nach Wien, wohnte in einem Heim für obdachlose Männer, lebte von Gelegenheitsarbeiten und dem Verkauf selbst gemalter Ansichtskarten.

Bei Kriegsausbruch 1914 war Hitler 25 Jahre alt, hatte weder Beruf noch Familie. Er meldete sich sofort als Freiwilliger und wäre am liebsten immer Soldat geblieben. Ihn beeindruckte der Grundsatz von Befehl und Gehorsam.

Hitlers Weg nach oben

Nach dem verlorenen Krieg schloss sich Hitler der NSDAP an. Weil er ein guter Redner war, wurde er im Juli 1921 zum Vorsitzenden gewählt. Nach seiner Wahl baute er eine militärisch organisierte »Sturmabteilung« (SA) auf, die in braunen Uniformen aufmarschierte und die Gegner der Partei einschüchterte.

1923 sah Hitler die Zeit zum Handeln gekommen. Zusammen mit seinen Anhängern wollte er am 9. November die bayerische Regierung stürzen. Doch die Polizei stoppte den Zug und verhaftete die Aufständischen. Im anschließenden Gerichtsverfahren wurde Hitler zu fünf Jahren Haft verurteilt – von denen er allerdings nur neun Monate verbüßen musste.

Hitlers Hass auf jüdische Menschen

Während er im Gefängnis war, schrieb er an seinem Buch »Mein Kampf«. Dieses Buch wurde später in Schulen gelesen, und junge Paare bekamen es bei ihrer Trauung statt der Bibel geschenkt. Obwohl vieles darin sehr verworren klang, waren einige Grundgedanken von Hitlers Weltanschauung klar erkennbar: Für Hitler waren die Juden schuld an allen Übeln. Er behauptete, sie strebten die Weltherrschaft an und wollten deshalb Deutschland in den Untergang treiben. Das habe mit der Revolution im November 1918 begonnen und sich mit dem »Schandvertrag von Versailles« fortgesetzt. Deswegen müsse beides rückgängig gemacht werden. Dann gelte es, die Juden aus allen wichtigen Stellen im Staat und in der Wirtschaft zu entfernen. Ja, mehr noch: Hitler schrieb, die Juden seien die »minderwertigste Rasse« und müssten ausgerottet werden. Außerdem forderte er für das »deutsche Herrenvolk« neuen »Lebensraum im Osten Europas«. Die dort lebenden Völker seien »rassisch minderwertig« und sollten dem »deutschen Herrenvolk« als Sklaven dienen.

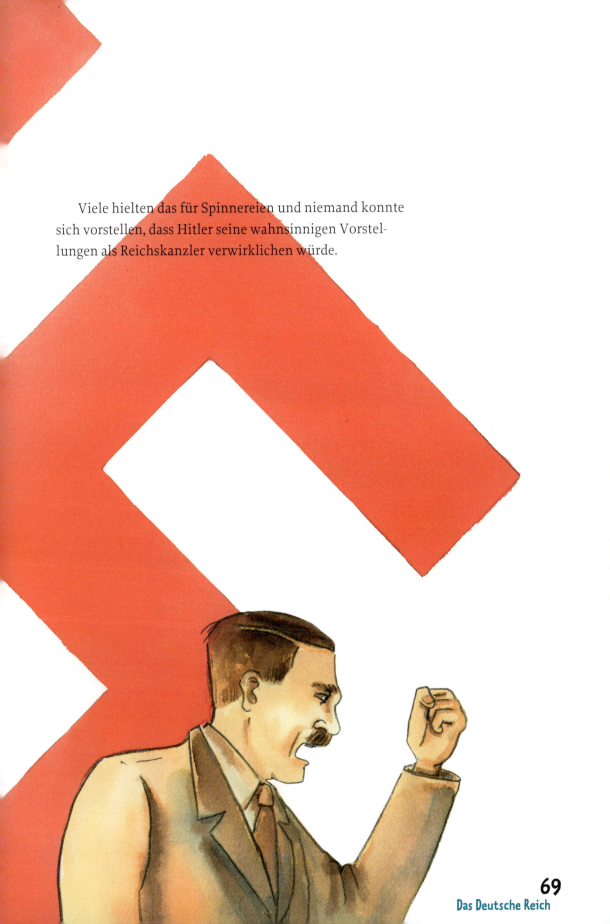

Viele hielten das für Spinnereien und niemand konnte sich vorstellen, dass Hitler seine wahnsinnigen Vorstellungen als Reichskanzler verwirklichen würde.

Hitlers Gewaltherrschaft

Nachdem Hitler am 30. Januar 1933 Reichskanzler geworden war, beherrschten seine Truppen die Straße. Politische Gegner wurden verfolgt, verprügelt und getötet. Erste Lager entstanden, in denen Männer und Frauen eingesperrt und gequält wurden.

Am 27. Februar 1933 brannte der Reichstag. Die Nazis ließen sofort verkünden, die **Kommunisten** hätten den Brand gelegt. Am nächsten Tag unterzeichnete Reichspräsident Hindenburg auf Drängen Hitlers die »Verordnung zum Schutz von Volk und Staat«, in der praktisch alle Grundrechte »bis auf Weiteres außer Kraft gesetzt« wurden. Diese Verordnung blieb bis 1945 bestehen und erlaubte es den Nazis, sozusagen rechtmäßig gegen alle und alles vorzugehen.

Der Begriff Kommunismus geht auf das lateinische Wort »communis« zurück, was »gemeinsam« bedeutet. Die Fabriken, die Maschinen und Arbeitsgeräte sollen allen gemeinsam gehören. Und was hergestellt wird, soll gerecht verteilt werden. Die Menschen sollen alle gleichberechtigt sein, keiner soll über einen anderen herrschen.

So weit die Theorie. Aber in allen Staaten, die diese Theorie in die Praxis umsetzen wollten, herrschte bald die kommunistische Partei und unterdrückte die Menschen.

Der nächste Schritt auf dem Weg in die Diktatur war das Ermächtigungsgesetz. Danach durfte die Regierung Gesetze ohne Mitwirkung des Reichstags beschließen.

Terror und Unterdrückung

Es folgten Schlag auf Schlag weitere Gesetze: Die Selbstständigkeit der Länder wurde abgeschafft, ebenso die Parteien und **Gewerkschaften**. Es gab keine Pressefreiheit mehr; Zeitungen durften nur noch das schreiben, was die Nazis erlaubten. Und wer es trotzdem wagte, etwas gegen sie zu sagen oder zu schreiben, wurde ohne Gerichtsverfahren in ein sogenanntes **Konzentrationslager** (KZ) gebracht. Als Hindenburg Anfang August 1934 starb, übernahm Hitler auch das Amt des Reichspräsidenten. Damit wurde er gleichzeitig Oberbefehlshaber der deutschen Armee und nannte sich »Führer des Deutschen Reiches und Volkes«.

Eine Vereinigung von Arbeitern und Angestellten, um ihre Interessen gemeinsam besser vertreten zu können.

In solchen Lagern wurden Menschen ohne Gerichtsurteil eingesperrt. Sie mussten schwer arbeiten, wurden misshandelt und millionenfach ermordet.

Hitler hatte nun alle Macht in seiner Hand. Doch damit war er noch nicht zufrieden. Er wollte die Menschen ganz beherrschen, er wollte auch Macht über ihr Denken und Fühlen. Darum legte er großen Wert auf die Erziehung. Sein Ziel war »eine gewalttätige, herrische, unerschrockene, grausame Jugend, vor der sich die Welt erschrecken wird«. Sie dürfe »nichts Schwaches, Zärtliches und auch nichts Intellektuelles haben«, sie solle nur noch »deutsch denken und deutsch handeln«. Organisationen wie die »Hitlerjugend« (HJ) sollten die jungen Menschen im Sinne Hitlers formen.

Jugendverband der Nationalsozialisten für alle 10- bis 18-jährigen Jungen und Mädchen. An zwei Nachmittagen in der Woche mussten alle am »Dienst« teilnehmen.

»Drittes Reich«
Mit der Bezeichnung »Drittes Reich« wollten die Nationalsozialisten ausdrücken, dass dieses Reich der rechtmäßige Nachfolger der beiden ersten Reiche sei. Hitler sagte, es werde tausend Jahre bestehen. Deswegen sprach man auch vom »Tausendjährigen Reich«. Es endete am 8. Mai 1945.

Der »starke Mann«

Heute fragt man sich, warum die Deutschen das alles hingenommen haben. Nun, die große Mehrheit empfand die Herrschaft der Nationalsozialisten in den ersten Jahren nicht besonders bedrückend. Viele fanden es gut, dass nach den oft chaotischen Zuständen am Anfang und Ende der Weimarer Republik ein »starker Mann« wieder für »Ruhe und Ordnung« sorgte. Und weil durch den Bau von Autobahnen und die heimliche Aufrüstung nach und nach alle wieder Arbeit bekamen, wuchs die Zufriedenheit mit Hitlers Regierung.

Besonders stolz war man auf die ersten Autobahnen, auch wenn man diese wirklich nicht gebraucht hätte, da es nur wenige Autos gab. Dass sie für Aufmärsche der Soldaten im bereits geplanten Krieg gedacht waren, ahnte niemand. Und dass Menschen verhaftet wurden und verschwanden, nahmen die meisten einfach hin. Was die Deutschen in Zeitungen lasen, am Radio hörten und im Kino sahen bestimmte Propagandaminister Joseph Goebbels (1897 – 1945). Er sorgte für das positive Bild des Führers in der Öffentlichkeit.

Joseph Goebbels

Sophie Scholl

»Wir schweigen nicht«

Obwohl es schwer war, sich dem Druck und der Beeinflussung zu entziehen, gab es von Beginn an auch Widerstand gegen die Nazis. Der reichte von der Unterstützung verfolgter Mitmenschen bis zur Verbreitung von Flugschriften und Attentatsversuchen auf Hitler.

Am bekanntesten wurde die Widerstandsgruppe »Weiße Rose« in München um die Geschwister Sophie (1921–1943) und Hans Scholl (1918–1943). Sie verteilten Flugblätter, in denen sie vor allem ihre Professoren und Mitstudenten zum Kampf gegen den nationalsozialistischen Terror aufforderten. Wie viele andere Widerständler wurden sie verraten und mussten ihren Mut mit dem Leben bezahlen.

Hans Scholl

Mutige auch in Hitlers Reihen

Auch innerhalb der Wehrmacht gab es Gegner, die Hitler ausschalten wollten. Doch erst als der Krieg längst im Gange und für Deutschland nicht mehr zu gewinnen war, entschloss man sich zum Handeln: Am 20. Juli 1944 verübte der Oberst Graf von Stauffenberg (1907–1944) ein Attentat auf Hitler. Aber wie schon bei mehreren Attentaten zuvor rettete ein Zufall dem Diktator das Leben.

Insgesamt wurden während der Nazi-Diktatur ungefähr 13 000 Menschen wegen ihres Widerstandes zum Tod verurteilt. 12 000 dieser Urteile wurden vollstreckt.

Vom Judenhass zum Völkermord

In allen Diktaturen wurde und wird versucht, selbstständiges Denken auszuschalten und Andersdenkende zum Schweigen zu bringen. Darin unterschied sich das Dritte Reich nicht von anderen Diktaturen. Neu war Hitlers Rassenlehre und sein Judenhass.

Die Nazis waren gerade mal zwei Monate an der Macht, als sie am 1. April 1933 dazu aufriefen, in jüdischen Geschäften nichts mehr zu kaufen. Das war der Beginn zahlloser Schikanen, die Juden zur Auswanderung treiben sollten. Das ging von Beleidigungen und Demütigungen in Schulen, Behörden und Betrieben über den Ausschluss aus Vereinen bis zum Verlust des Arbeitsplatzes. 1935 folgte der nächste Schritt: die »Nürnberger Gesetze«. Sie erkannten den Juden die deutsche Staatsbürgerschaft ab, verboten Eheschließungen und außereheliche Beziehungen zwischen Nichtjuden und Juden.

Brutale Morde und blinde Zerstörungswut

Von 1933 bis 1938 wanderten etwa 130 000 Juden aus, vor allem in die Nachbarländer des Deutschen Reiches und nach England, aber auch nach Palästina und in die USA. Doch das reichte den Nazis noch nicht. Am 9. November 1938 zündeten sie überall in Deutschland Synagogen an. In dieser sogenannten »Reichskristallnacht« zerstörten und plünderten SA- und SS-Männer jüdische Geschäfte und Häuser. 91 Juden wurden ermordet, etwa 30 000 verhaftet und in Konzentrationslager verschleppt. Dort mussten sie schwer arbeiten, bekamen wenig zu essen und wurden brutal misshandelt. Viele starben an Erschöpfung.

Nach der Reichskristallnacht flohen weitere 80 000 Juden aus dem Land. Wer als deutscher Jude immer noch in seiner Heimat bleiben wollte, musste ab 1941 einen Judenstern an der Kleidung tragen und durfte nun nicht mehr ausreisen. Die Nazis konnten ihn jederzeit abholen und in ein Lager bringen. Was er besaß, nahmen sich die Nazis. All das geschah keineswegs geheim, sondern vor aller Augen.

Todesfabriken

Mit Ausbruch des Zweiten Weltkriegs begann die von Hitler immer wieder angekündigte »Vernichtung der jüdischen Rasse in Europa«, der Holocaust. Anfangs wurden die polnischen Juden in **Gettos** gepfercht, aber schon bald kam es zu Massenerschießungen. Doch das war den Verantwortlichen irgendwann zu mühsam. Darum trafen sich am 20. Januar 1942 führende Nazis in Berlin, um

Stadtviertel, in dem bestimmte Bevölkerungsgruppen leben. Im Dritten Reich mussten Juden in abgeriegelten Gettos leben.

Das Deutsche Reich

KZ in Polen, in dem von 1941 bis 1945 über eine Million Menschen, vor allem Juden ermordet wurden.

Die Nazis haben Menschen in Räume eingesperrt und dann durch Rohre tödliches Gas hineingeleitet. Die Menschen sind qualvoll erstickt. Auf diese Weise wurden Millionen Menschen getötet, vor allem Juden.

geeignete Maßnahmen für das zu beschließen, was man die »Endlösung der Judenfrage« nannte: Um 11 Millionen europäische Juden umzubringen, wurden neue große Lager geplant, deren einziger Zweck die Ermordung von Menschen und die Beseitigung ihrer Leichname war.

In der Weltgeschichte hat es zu allen Zeiten große Verbrechen gegeben. Aber die Errichtung von Todesfabriken, in denen Angehörige einer Religionsgemeinschaft systematisch umgebracht wurden, ist mit nichts zu vergleichen. Allein im **Konzentrationslager Auschwitz** wurden 5000 bis 6000 Menschen pro Tag **vergast** und verbrannt. Insgesamt wurden bis zum Kriegsende etwa 6 Millionen Juden ermordet. Darunter waren auch unzählige Kinder. Es war unbegreiflich – und ist es bis heute geblieben.

78
Deutsche Geschichte

»Führer befiehl, wir folgen!«

Als Reichskanzler holte Hitler Schritt für Schritt die Gebiete zurück, die Deutschland nach dem Versailler Vertrag hatte abgeben müssen. Er wolle nur, dass alle Deutschen in einem Reich leben, sagte er. 1938 wurde Österreich »heim ins Reich« geholt, ebenso das zur Tschechoslowakei gehörige Sudetenland, in dem 3,5 Millionen Deutsche lebten.

Die Bewunderung für »den Führer« wuchs bei immer mehr Deutschen. Die nationalsozialistische Propaganda feierte Hitler als »Schöpfer Großdeutschlands«, für den nichts unmöglich sei. »Führer befiehl, wir folgen!« wurde der Leitspruch für die Mehrheit der Deutschen.

Der Zweite Weltkrieg

Die deutschen Bewunderer folgten Hitler auch, als er mit dem Überfall auf Polen am 1. September 1939 den Zweiten Weltkrieg entfesselte. Polen, Dänemark, Norwegen, die Niederlande, Belgien und Frankreich wurden in sogenannten »Blitzkriegen« besiegt.

Hitler stand auf dem Gipfel seiner Beliebtheit. Nichts und niemand schien ihn aufhalten zu können.

»Seit 5:45 wird zurückgeschossen.« Mit diesem Satz wollte Hitler vor dem Reichstag den Polen die Schuld am Krieg zuschieben.

Hitlers Pläne gehen nicht auf

Hitler hätte sich jetzt am liebsten seinem eigentlichen Ziel, der »Eroberung von Lebensraum im Osten« zugewandt. Aber weil der neue englische Premierminister Winston Churchill ein Friedensangebot zurückwies, wollte Hitler England rasch besiegen. Am 13. August 1940 begann die Luftschlacht über England. Doch es gelang nicht, den englischen Widerstand zu brechen. Darum ließ Hitler die Angriffe im Frühjahr 1941 einstellen und den Krieg gegen die Sowjetunion vorbereiten. Im Morgengrauen des 22. Juni 1941 überschritten mehr als drei Millionen Soldaten die Grenze zum sowjetischen Reich. Sie rückten rasch vor, und alles schien auf einen erneuten schnellen Sieg hinzudeuten.

Doch dann begann Mitte Oktober ein früher und außergewöhnlich harter Winter. Auf solch eine Kälte war die deutsche Wehrmacht nicht vorbereitet. Der Vormarsch stockte und die sowjetische Führung gewann Zeit, neue Armeen aufzustellen. Damit war Hitlers Plan fehlgeschlagen, auch die Sowjetunion schnell zu besiegen. Doch ein Rückzug kam für Hitler nicht in Frage. Er befahl den Generälen durchzuhalten, koste es, was es wolle.

Deutschland ist besiegt

Seit Dezember 1941 waren auch die USA am Krieg beteiligt und bombardierten zusammen mit englischen Flugzeugen immer häufiger deutsche Städte. Es war nur noch eine Frage der Zeit, wann die Gegner Deutschland erobern würden.

Im Frühjahr 1945 war das Deutsche Reich vollständig von Truppen der Kriegsgegner besetzt. Die Situation war ausweglos, darum **kapitulierten** die Deutschen am 8. Mai bedingungslos. Adolf Hitler erlebte dies aber schon nicht mehr. Er hatte wenige Tage zuvor Selbstmord begangen.

Wenn in einem Krieg der Unterlegene erklärt, dass er aufgibt und keinen Widerstand mehr leistet.

Das Industriezeitalter begann und das
Deutsche Reich wurde zu einer Großmacht. Zwei Weltkriege
brachten unbeschreibliches Leid für die Menschen.
Allein im Zweiten Weltkrieg gab es 55 Millionen Tote, davon waren
etwa 20 Millionen Bürger der Sowjetunion. Viele Millionen
Menschen hatten zwar ihr Leben behalten, aber
alles andere verloren.

Nachkriegszeit und deutsche Teilung – Von der Macht der Sieger bis zur Wiedervereinigung Deutschlands

Nach dem verlorenen Krieg bestimmten die Siegermächte in Deutschland. Sie teilten das Land in vier Besatzungszonen auf. Daraus wurden ab 1949 zwei Staaten: die Bundesrepublik Deutschland (BRD) und die Deutsche Demokratische Republik (DDR). Vierzig Jahre lang war Deutschland geteilt, und die beiden Staaten entwickelten sich sehr unterschiedlich.

Im Herbst 1989 demonstrierten immer mehr Menschen in der DDR, weil sie mit dem Leben in ihrem Land nicht mehr zufrieden waren. Und was kaum jemand geglaubt hatte, sie schafften eine friedliche Revolution, durch die eine Wiedervereinigung der beiden deutschen Staaten möglich wurde.

Alles liegt in Schutt und Asche

Nach dem 8. Mai 1945 standen die Deutschen vor einem riesigen Trümmerhaufen. Nicht nur die Städte lagen in Schutt und Asche, auch Überzeugungen, Wünsche, Hoffnungen und Träume waren zerbrochen – und mit ihnen viele Menschen.

Nun begann der Kampf ums Überleben in den Ruinen. Da viele Männer ums Leben gekommen oder in Kriegsgefangenschaft waren, mussten die **»Trümmerfrauen«** die Hauptlast dieses Überlebenskampfes tragen. Vor allem in den zerbombten Großstädten leisteten sie in den ersten Nachkriegsjahren beinahe Übermenschliches. Mit Schaufeln, Spitzhacken und Schubkarren räumten sie die Schuttberge auf. Mit Hämmern klopften sie den Mörtel von den Ziegelsteinen, die dann für den Wiederaufbau der Häuser genutzt wurden.

So nennt man Frauen, die nach dem Zweiten Weltkrieg in den zerbombten Städten die Trümmer aufräumten und mithalfen, in den Ruinen zu überleben.

Das besetzte Land

Die Sieger des Krieges waren Großbritannien, Frankreich, die USA und die Sowjetunion. Sie berieten darüber, was aus Deutschland werden sollte. In erster Linie wollten sie dafür sorgen, dass Deutschland nicht ein drittes Mal über seine Nachbarn herfallen und den Frieden in der Welt bedrohen könne.

Auf der Potsdamer Konferenz im Sommer 1945 beschlossen sie unter anderem:

- Deutschland wird in vier Besatzungszonen, Berlin in vier Sektoren aufgeteilt.
- Jede Besatzungsmacht erhält eine Zone, in der sie allein entscheidet. Über das besetzte Land als Ganzes bestimmen die vier Siegermächte gemeinsam.
- Die Gebiete östlich der Oder-Neiße-Linie kommen unter polnische und sowjetische Verwaltung.
- Deutsche aus den Ostgebieten werden »in ordnungsgemäßer und humaner Weise« nach Westen überführt.

Menschen müssen ihre Heimat verlassen

Aufgrund des Potsdamer Abkommens wussten Vertriebene aus den Ostgebieten, dass sie nicht mehr in ihre Heimat zurückkehren durften. Deutsche, die noch in Pommern, Schlesien oder Ostpreußen waren, mussten nun das Land verlassen. Von »ordnungsgemäß und human« konnte allerdings keine Rede sein. Etwa 12 Millionen Menschen wurden gewaltsam vertrieben und mussten in den westlichen Zonen mit ernährt und versorgt werden. Frauen, Kinder und alte Leute waren oft wochen- oder monatelang unterwegs. Hunderttausende starben an Unterernährung und Krankheiten, bevor sie irgendwo bleiben konnten. In Notunterkünften und bei Familien, die ein Haus oder eine große Wohnung besaßen, wurden die Vertriebenen anfangs untergebracht. Willkommen waren sie nicht, denn viele Einheimische hatten selbst kaum genug zum Leben. Und nun sollten sie das Wenige noch mit fremden Leuten teilen. Das war für alle nicht einfach.

Zwei gegensätzliche Supermächte

Die Siegermächte konnten sich nicht auf ein gemeinsames Vorgehen einigen. Zu unterschiedlich waren ihre Vorstellungen davon, was in Deutschland und Europa geschehen sollte. Nur der Kampf gegen den gemeinsamen Feind hatte sie zu Verbündeten gemacht. Nachdem dieser Feind besiegt war, standen sich die beiden neuen Supermächte USA und Sowjetunion bald unversöhnlich gegenüber. Der »Kampf der Systeme« begann. Auf der einen Sei-

te stand das System der **parlamentarischen Demokratie** mit den USA als Führungsmacht, auf der anderen Seite gab es den kommunistischen Einparteienstaat, den die Sowjetunion im Osten Europas durchgesetzt hatte. Die Politik der beiden Supermächte führte dazu, dass die Welt sich in zwei Blöcke spaltete. Weil das ohne Waffengewalt geschah, sprach man bald vom »Kalten Krieg«.

So nennt man eine Regierungsform, bei der die Volksvertretung, das Parlament, die wichtigsten politischen Entscheidungen trifft.

Unterstützung aus Amerika

Die amerikanische Regierung wollte eine Ausdehnung des Kommunismus in Europa verhindern. Deshalb beschloss sie, zuerst Westeuropa zu helfen. Ihr Außenminister George Marshall verkündete im Juni 1947 ein Hilfsprogramm, um damit die europäische Wirtschaft wieder in Schwung zu bringen. Auch die drei westlichen Zonen Deutschlands erhielten Geld. Das half beim Wiederaufbau, förderte aber gleichzeitig die Teilung Deutschlands. Als 1949 in den drei Westzonen eine neue Währung eingeführt wurde – die »Deutsche Mark«, war die wirtschaftliche Spaltung Deutschlands endgültig.

87
Nachkriegszeit und deutsche Teilung

Josef Stalin

Die Blockade Westberlins und Hilfe aus der Luft

Die Sowjetunion reagierte mit einer »Blockade«: Alle Straßen, Eisenbahnlinien und Wasserwege zwischen Westberlin und Westdeutschland wurden gesperrt. Auf diese Weise wollte der sowjetische Staats- und Parteichef Josef Stalin (1878–1953) die Herrschaft über die drei Westsektoren Berlins gewinnen.

Aber es kam anders. Die USA und England beschlossen, Westberlin über eine »Luftbrücke« zu versorgen.

Mit einer kaum für möglich gehaltenen Leistung wurden zwei Millionen Menschen fast ein Jahr lang per Flugzeug mit allem versorgt, was sie zum Überleben brauchten. Alle paar Minuten landete ein »Rosinenbomber« auf einem der drei Westberliner Flughäfen.

Die Blockade ließ Westberliner, Westdeutsche und die westlichen Siegermächte USA, England und Frankreich näher zusammenrücken.

Im Mai 1949 gab Stalin seinen Erpressungsversuch auf und beendete die Blockade.

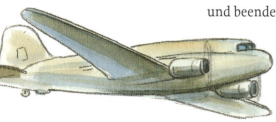

Westdeutschland wird demokratisch

In den Westsektoren hatten die Siegermächte schon im Sommer 1945 demokratische Parteien zugelassen. Bei den ersten Landtagswahlen in den Jahren 1946/47 erhielten die »alte« SPD und die neu gegründete Christlich Demokratische Union (CDU) – in Bayern Christlich Soziale Union (CSU) – die meisten Stimmen.

Im Juli 1948 beauftragten die Siegermächte die Ministerpräsidenten der westdeutschen Länder, eine Nationalversammlung einzuberufen, um einen westdeutschen Staat zu gründen und eine Verfassung für ihn zu entwerfen.

Das Grundgesetz

Die Ministerpräsidenten zögerten, weil sie die Spaltung zwischen West und Ost nicht festschreiben wollten. Sie sprachen sich für einen vorläufigen Entwurf aus, der den Weg zur späteren Gründung eines gesamtdeutschen Staates offenhalten sollte. Um das Vorläufige zu betonen, sollte keine Verfassung, sondern nur ein Grundgesetz ausgearbeitet werden.

Die Väter und Mütter des Grundgesetzes orientierten sich an der Weimarer Verfassung und an den Erfahrungen, die sie im Dritten Reich gemacht hatten. Das führte unter anderem zu Artikel 1:

»Die Würde des Menschen ist unantastbar. Sie zu achten und zu schützen ist Verpflichtung aller staatlichen Gewalt.«

Und in Artikel 20 heißt es: »Die Bundesrepublik Deutschland ist ein demokratischer und sozialer Bundesstaat.«

Diese beiden Artikel dürfen nicht abgeschafft werden, nicht einmal, wenn alle Abgeordneten des Bundestages dafür wären. So wie Hitler die Weimarer Republik mit ein paar Gesetzen abgeschafft hatte, sollte das nicht mehr möglich sein.

Am 23. Mai 1949 wurde das »Grundgesetz für die Bundesrepublik Deutschland« verkündet. Damit gab es vier Jahre nach der bedingungslosen Kapitulation wieder einen deutschen Staat – wenn auch nur im westlichen Teil Deutschlands. Deswegen wurde noch eine Einleitung geschrieben, in der es hieß, man habe »auch für jene Deutschen gehandelt, denen mitzuwirken versagt war. Das gesamte deutsche Volk bleibt aufgefordert, in freier Selbstbestimmung die Einheit und Freiheit Deutschlands zu vollenden«.

Der Deutsche Bundestag ist das Parlament der Bundesrepublik Deutschland mit Sitz in Berlin. Er wird vom Volk für vier Jahre gewählt. Der Bundestag beschließt Gesetze, wählt den Bundeskanzler und kontrolliert die Regierung.

Ostdeutschland wird sozialistisch

Beinahe gleichzeitig, aber mit völlig anderem Ziel veränderte sich die Ostzone. Auch dort wurden schon 1945 neue Parteien gegründet. Doch auf Druck der sowjetischen Besatzungsmacht musste sich die SPD im April 1946 mit der Kommunistischen Partei Deutschlands (KPD) zur Sozialistischen Einheitspartei Deutschlands (SED) vereinigen. Danach erfolgte schrittweise die Umwandlung dieser SED in eine kommunistische Partei, die von der sowjetischen Führung gelenkt wurde.

Auch die anderen Parteien verloren bald ihre Selbstständigkeit und waren kaum mehr als Anhängsel der SED. Anders als in den Westzonen hatten die Menschen in der Ostzone also nicht die Möglichkeit, zwischen unabhängigen Parteien zu wählen.

Die Verfassung der DDR

Im März 1948 wurde ein »Deutscher Volksrat« beauftragt, eine Verfassung für ganz Deutschland auszuarbeiten. Doch dafür hatten sich Ost und West bereits viel zu unterschiedlich entwickelt. Die führenden Politiker in der Sowjetunion und in der Ostzone wollten aber beweisen, dass die Westmächte und die westdeutschen Politiker für die Teilung Deutschlands verantwortlich seien. Deshalb hielten sie die »Verfassung der Deutschen Demokratischen Republik« so lange zurück, bis das Grundgesetz verkündet war.

Im Oktober 1949 trat die Verfassung dann in Kraft. Damit gab es zwei Staaten in Deutschland.

Nach dieser Verfassung war auch die Deutsche Demokratische Republik ein demokratischer Staat. Aber viele Menschen glaubten von Anfang an nicht daran, dass den demokratischen Worten auch die entsprechenden Taten folgen würden. Und sie hatten leider Recht.

»Es muss demokratisch aussehen, aber wir müssen alles in der Hand haben.«

SED-Chef Walter Ulbricht

Auf nach Westen!

Im August 1949 wurde der erste Deutsche Bundestag gewählt. Die etwas stärkere CDU/CSU fand mit der Freien Demokratischen Partei (FDP) und der Deutschen Partei (DP) zwei Parteien, die bereit waren, mit der CDU/CSU eine Regierung zu bilden. Mitte September wählte der Bundestag den 73-jährigen Konrad Adenauer (1876–1967) zum Bundeskanzler. Regierungssitz und Hauptstadt der Bundesrepublik wurde Bonn, erster Bundespräsident der FDP-Politiker Theodor Heuss (1884–1963).

Adenauers Ziele

»Der Bundeskanzler bestimmt die Richtlinien der Politik«, heißt es im Grundgesetz. Diesen Satz nahm Adenauer wörtlich und wurde zum starken Mann der deutschen Nachkriegspolitik. Von Anfang an hatte er zwei große Ziele: Adenauer wollte die Bundesrepublik wieder zu einem gleichberechtigten Staat machen – auch wenn dadurch eine Wiedervereinigung in weite Ferne rückte.

Konrad Adenauer

Damit verbunden war das Ziel, sich mit den westlichen Nachbarn auszusöhnen und eine Zusammenarbeit mit ihnen anzustreben. »Der Alte«, wie Adenauer bald respektvoll genannt wurde, hat mit seiner Politik wesentlich dazu beigetragen, dass aus ehemaligen Kriegsgegnern zuerst Partner und schließlich Freunde wurden. Der Zusammenschluss in der Europäischen Gemeinschaft ist ein Ergebnis dieser Politik.

Das »Wirtschaftswunder«

Die USA unterstützte die junge Bundesrepublik großzügig mit Geld. So konnte die Wirtschaft hier kräftig wachsen. Anstelle der zerstörten Fabriken entstanden modernste Produktionsanlagen, in denen immer mehr Menschen Arbeit fanden. Schon Mitte der 1950er-Jahre gab es nicht mehr genug Arbeitskräfte im Land, und es wurden die ersten Gastarbeiter aus Italien geholt.

Da die Qualität der Waren »Made in Western Germany« sehr hoch war, wurden sie bald in aller Welt gerne gekauft.

Vielen Menschen im In- und Ausland erschien diese auffallend schnelle Entwicklung wie ein Wunder, und darum sprach man bald von einem »Wirtschaftswunder«. Nach der schweren Kriegs- und Nachkriegszeit kam es den Leuten tatsächlich wie ein Wunder vor, dass sie nicht nur genug zu essen hatten, sondern auch schön eingerichtete Wohnungen mit Kühlschrank, Waschmaschine, Radio, Plattenspieler und vielleicht schon mit einem Fernseher. Wer gut verdiente, konnte sich sogar ein Auto leisten und damit in den Urlaub nach Italien fahren. Davon hätte noch zehn Jahre zuvor niemand zu träumen gewagt.

Nachkriegszeit und deutsche Teilung

Ein Staat mauert sich ein

Im zweiten deutschen Staat gab es weder ein Wirtschaftswunder, noch hatten die Menschen so viele Freiheiten wie in der Bundesrepublik. Sie durften zwar wählen, aber egal, was sie wählten, die SED hatte immer die Macht. Der mächtigste Mann im Staat war der SED-Chef. Von 1950 bis 1971 war das Walter Ulbricht. Sein Nachfolger wurde Erich Honecker (1912–1994).

Zur Sicherung der SED-Herrschaft wurde 1950 das Ministerium für Staatssicherheit (»Stasi«) eingerichtet. Nach und nach überwachten mehr als eine halbe Million Mitarbeiter und Spitzel die Bürger. Jede Kritik an der Führung und jeder Widerstand sollte sofort aufgedeckt und unterdrückt werden.

Walter Ulbricht

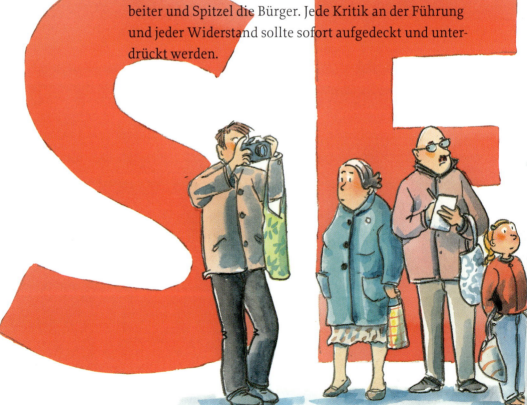

Die benachteiligten Arbeiter

Wie in der Sowjetunion bestimmte in der DDR der Staat, was wo in welchen Mengen hergestellt werden sollte. Das nennt man Planwirtschaft.

1950 gab es den ersten »Fünfjahresplan«. Er legte auch Arbeitszeiten, Löhne und Preise fest. Die Betriebe mussten die Pläne nur noch erfüllen – was allerdings leichter zu verlangen als auszuführen war. Denn trotz des Fleißes der ostdeutschen Bevölkerung gab es immer wieder Menschenschlangen vor Geschäften und Waren minderer Qualität. Die DDR hatte zu wenig Geld, um die notwendigen Rohstoffe im Ausland zu kaufen. Der Staat sorgte zwar dafür, dass Lebensmittel, Mieten und einfache Kleidung preiswert waren. Aber Südfrüchte, Schokolade, duftende Seife gehörten ebenso zur sogenannten »Mangelware« wie Kühlschränke, Waschmaschinen, Radios, Fernseher, moderne Möbel und modische Kleidung. Und auf ein neues Auto mussten die Leute zehn und mehr Jahre warten.

Erich Honecker

Nachkriegszeit und deutsche Teilung

Als dann die SED im Mai 1953 mehr Leistung von den Arbeitern forderte, entlud sich die Unzufriedenheit in Massenstreiks. Bald wurden die Ablösung Ulbrichts, die Beseitigung der Zonengrenze und freie Wahlen gefordert. Die verunsicherte DDR-Führung rief die Sowjetunion zu Hilfe, und am 17. Juni 1953 stoppten sowjetische Panzer den Aufstand auf brutale Weise.

Flucht aus der DDR – und die Folgen

Die meisten Menschen in der DDR waren enttäuscht. Weil keine Änderungen möglich schienen, versuchten sie, im SED-Staat zu leben, so gut es ging. Wer das nicht wollte oder konnte, flüchtete in den Westen. Von 1949 bis 1961 verließen mehr als 2,5 Millionen Menschen die DDR, davon die Hälfte junge, gut ausgebildete Arbeiter und Akademiker. Dass die Führungen in Moskau und Ostberlin darüber nachdachten, wie sie diese »Abstimmung mit den Füßen« beenden könnten, war nicht verwunderlich. Doch wie sie es dann taten, überraschte und schockierte die Welt: Im August 1961 ließ die SED-Führung eine 12 Kilometer lange Mauer zwischen Ost- und Westberlin bauen.

Und danach wurde auch die 1400 Kilometer lange Grenze zur Bundesrepublik abgeriegelt. Die Grenzsoldaten bekamen den Befehl, auf »Republikflüchtlinge« zu schießen. Trotzdem wagten immer wieder Menschen die Flucht, und mehr als 1000 von ihnen bezahlten ihren Wunsch nach Freiheit bis zum Fall der Mauer 1989 mit dem Leben.

Mehr Mitbestimmung

Bis Mitte der 60er-Jahre ging es in der Bundesrepublik nur aufwärts. Dann schien es so, als würden die Menschen zum ersten Mal Atem holen. Vor allem die Jugend fragte, ob es im Leben nur darum gehe, eine größere Wohnung, ein neues Haus, ein schnelleres Auto, moderne Kleidung und all solche Sachen zu haben. Der Sinn des Lebens sei doch nicht, immer noch mehr besitzen zu wollen.

Bald gingen junge Leute auf die Straße und demonstrierten für bessere Bildung und für mehr Demokratie in allen Lebensbereichen. Es entstand eine Protestbewegung, die »Außerparlamentarische Opposition« (APO), die große Ziele hatte: eine friedliche und gerechte Welt.

Als bei einer Demonstration in Berlin ein Student von einer Polizeikugel getötet wurde, sahen manche darin den Beweis für die Brutalität des Staates und riefen zum gewaltsamen Umsturz auf.

> Opposition bedeutet wörtlich »Im Widerspruch zu etwas stehen«. Im Parlament gibt es zum Beispiel eine Opposition, die der Regierung gegenübersteht und sie kontrolliert. Aber auch Bürgerinitiativen können in Opposition zur Regierung stehen.

Freiheit und Mitverantwortung

Die Mehrheit der APO und die übergroße Mehrheit der Bevölkerung wollten aber keine gewaltsamen Veränderungen, sondern Reformen. Als am 22. Oktober 1969 mit Willy Brandt (1913–1992) erstmals ein Sozialdemokrat Bundeskanzler wurde, sahen sie darin eine große Chance. Und tatsächlich stellte Brandt den Beginn seiner Amtszeit unter das Motto: Mehr Demokratie wagen! Viele junge Menschen waren bereit, daran mitzuwirken. Die einen wurden Mitglied einer Partei, um dort mitzuarbeiten. Andere wählten einen neuen Weg, um ihre Interessen zu vertreten: Sie bildeten die ersten **Bürgerinitiativen**, aus denen die Anti-Atomkraft-, die Friedens- und Frauen- und die Umweltbewegung hervorgingen. Einige von ihnen gründeten später die Partei der »Grünen«, um auch in den Landtagen und im Bundestag mitreden und mitbestimmen zu können.

»Wir wollen eine Gesellschaft, die mehr Freiheit bietet und mehr Mitverantwortung fordert. Wir brauchen Menschen, die kritisch mitdenken, mitentscheiden und mitverantworten. Wir stehen nicht am Ende unserer Demokratie, wir fangen erst richtig an.«
Willy Brandt in seiner Regierungserklärung am 28. Oktober 1969

Zusammenschluss von Menschen, die für oder gegen eine bestimmte Sache eintreten. Zum Beispiel für den Erhalt eines Naturschutzgebietes oder gegen die Schließung einer Schule.

Willy Brandt

Terroristen verbreiten Angst und Schrecken

Nur einer kleinen Minderheit ehemaliger APO-Mitglieder dauerte die schrittweise Veränderung der Gesellschaft zu lange. Sie wollten eine Revolution, und sie wollten sie sofort. Weil dieses Ziel mit friedlichen Mitteln nicht zu erreichen war, erklärten sie dem verhassten Staat den Krieg. Sie bildeten die »Rote Armee Fraktion« (RAF), und eine Zeit lang gelang es ihnen, mit Sprengstoffanschlägen und der Entführung und Ermordung prominenter Männer aus Politik und Wirtschaft das Land in Schrecken zu versetzen; aber sie hatten nie eine ernsthafte Chance, an die Macht zu kommen. Die deutsche Bevölkerung war empört über die Aktionen der Terroristen und verurteilte sie.

Ost und West kommen sich näher

Die CDU-Bundeskanzler und ihre Regierungen hatten sich von Anfang an dagegen gewehrt, die DDR als einen Staat zu betrachten. Man sprach von der »Sowjetzone«, von »drüben« oder von der »sogenannten DDR«.

Eine neue Politik für den Osten

Das wollte Willy Brandt ändern. Es ging ihm und seiner Regierung vor allem darum, die Beziehungen der Bundesrepublik zu den Staaten des Ostblocks, insbesondere zur DDR zu verbessern.

Dieser Absicht folgte die »neue Ostpolitik«. Die Regierung schloss 1970 mit der Sowjetunion, mit Polen und 1972 mit der DDR Verträge, in denen das zukünftige Neben- und Miteinander geregelt wurde. Dafür wurde sie von vielen Bürgern heftig kritisiert. Die CDU/CSU-Opposition warf der Regierung vor, sie würde den kommunistischen Unrechtsstaat DDR anerkennen und im Osten deutsche Gebiete verschenken.

Niemand habe das Recht, so entgegnete Willy Brandt, die bestehenden Grenzen in Europa gewaltsam zu verändern. Er war überzeugt, dass sich die kommunistischen Regierungen nicht von außen stürzen ließen.
Sie konnten vielleicht durch mehr Kontakte zwischen den Menschen langsam verändert werden.

»Zwanzig Jahre nach Gründung der Bundesrepublik Deutschland und der Deutschen Demokratischen Republik müssen wir ein weiteres Auseinanderleben der deutschen Nation verhindern, also versuchen, über ein geregeltes Nebeneinander zu einem Miteinander zu kommen.«
Willy Brandt in seiner Regierungserklärung am 28. Oktober 1969

»Wandel durch Annäherung« lautete die Formel dafür. Als Folge dieser Politik nahm der Reiseverkehr von West nach Ost stetig zu. Von 1969 bis 1979 stieg die Zahl der Reisenden von etwa einer Million auf dreieinhalb Millionen an. Und es gab auch mehr Reisen von Ost nach West in »dringenden Familienangelegenheiten«.

Unzufriedene DDR-Bürger

Durch die Reisen in den Westen wurde vielen DDR-Bürgern immer klarer, dass die SED-Propaganda nicht der Wirklichkeit entsprach. Hinter der Mauer gab es vieles, wovon die Menschen in der DDR nur träumen konnten: Lebensmittel im Überfluss, schöne und gut eingerichtete Wohnungen, Autos für jeden Geschmack und Geldbeutel, die Möglichkeit, alles zu lesen, was einen interessierte. Und besonders wichtig für die DDR-Bürger: Die Menschen in der Bundesrepublik besaßen die Freiheit, in jedes Land der Erde zu reisen.

Die Begegnungen »hüben und drüben« führten dazu, dass die kritischen Stimmen in der DDR immer lauter wurden.

»Wir sind das Volk!«

In der Sowjetunion kam 1985 Michail Gorbatschow (geb. 1931) an die Macht. Er wollte sein Land modernisieren. »Perestroika«, das bedeutet Umgestaltung, und »Glasnost« (Offenheit) hießen die Schlagworte, die bald in aller Munde waren. Die Menschen in Ost und West waren sehr gespannt, ob dieser recht junge Politiker tatsächlich etwas verändern würde.

Michail Gorbatschow

Als er 1988 den Staaten Osteuropas erlaubte, ihre eigenen Wege zu gehen, ohne ein militärisches Eingreifen der Sowjetunion befürchten zu müssen, konnten sie das zuerst kaum glauben. Und schneller als das irgendjemand für möglich gehalten hätte, brachen die kommunistischen Diktaturen in Polen und Ungarn und später auch in der Tschechoslowakei zusammen.

Die starrköpfige DDR-Führung

Nur die DDR-Führung mit Erich Honecker an der Spitze wehrte sich gegen jede Veränderung. Honecker blieb bei seiner starren Haltung, als Polen, Ungarn und die Tschechoslowakei längst den Weg in Richtung Demokratie eingeschlagen hatten.

»Den Sozialismus in seinem Lauf hält weder Ochs noch Esel auf!«
Erich Honecker am 14. August 1989

WIR SIND DAS

Die Tschechoslowakei und Ungarn ließen es zu, dass zehntausende DDR-Bürger über ihre Grenzen in den Westen flohen. Andere blieben und demonstrierten friedlich für politische und wirtschaftliche Reformen. Die Demonstranten in der DDR wurden zunächst noch niedergeknüppelt und verhaftet. Die Starrköpfigkeit der DDR-Führung führte aber dazu, dass der Ruf nach Freiheit lauter wurde. Immer mehr Menschen gingen auf die Straße. Im Herbst 1989 zogen mächtige Demonstrationszüge durch Leipzig, Dresden, Ostberlin und andere Städte der DDR. Doch Honecker lehnte alle Reformvorschläge ab.

Offene Grenzen!

Damit die SED an der Macht bleiben konnte, wurde Honecker im Oktober abgesetzt. Die neue Führung kündigte erste Reformen an und versprach Reiseerleichterungen. Doch die Bürgerinnen und Bürger trauten den Versprechen nicht. Sie demonstrierten in immer größerer Zahl weiter für Freiheit und Demokratie. Die Rufe »Wir sind das Volk!« wurden dabei immer lauter. Und dann geschah das Unglaubliche: Die neue DDR-Führung gab dem Volkswillen erstmals nach.

»Privatreisen nach dem Ausland können ohne Vorliegen von Voraussetzungen beantragt werden. Die Genehmigungen werden kurzfristig erteilt. [...] Ständige Ausreisen können über alle Grenzübergangsstellen der DDR zur BRD bzw. zu West-Berlin erfolgen.« Auf die Nachfrage eines Journalisten: »Wann tritt das in Kraft?« antwortete Günter Schabowski: »Das tritt nach meiner Kenntnis ... ist das sofort, unverzüglich.« Günter Schabowski in der Internationalen Pressekonferenz am 9. November 1989 kurz vor 19:00 Uhr

Am Abend des 9. November 1989 öffnete sie die Grenzübergänge, und noch in der Nacht besuchten Tausende DDR-Bürger West-Berlin. Wildfremde Menschen fielen sich vor Freude weinend in die Arme und fühlten sich wie Verwandte. Viele kletterten hoch auf die Mauer, tanzten und sangen die ganze Nacht. Manche kamen mit Hammer und Meißel, um eigenhändig Löcher in die Mauer zu schlagen. Deutsche aus Ost und West feierten ein Fest, wie in Deutschland noch keines gefeiert worden war. Nun rückte das Ende der deutschen Teilung in greifbare Nähe.

Nach dem Krieg wurde Deutschland von den Siegermächten geteilt. Es entstanden zwei Staaten, die sich sehr unterschiedlich entwickelten. Die Bundesrepublik wurde eine Demokratie, in der DDR bestimmte eine Partei das gesamte Leben. Nach vierzig Jahren wehrten sich viele Menschen dagegen und leiteten mit ihrer friedlichen Revolution die Wiedervereinigung ein.

Vereintes Deutschland seit 1990 – Den Worten Taten folgen lassen!

Der Fall der Mauer und die Wiedervereinigung wurden freudig gefeiert. Aber auf das neue Deutschland kamen große Probleme zu. Die Fabriken im Osten Deutschlands waren zum größten Teil veraltet und nicht konkurrenzfähig, die Arbeitslosigkeit stieg rasch an. Die Regierung schickte viel Geld in den Osten, um das Leben der Menschen zu verbessern. Trotzdem zogen viele, vor allem junge Leute in den Westen.

Seit der Wiedervereinigung ist Deutschland das größte Land in Europa. Doch unsere Nachbarn haben keine Angst mehr vor uns. Das ist ein wichtiges Ergebnis der jüngeren Geschichte.

Wieder vereint!

Zum ersten Mal in der deutschen Geschichte war eine Revolution erfolgreich – und das auch noch ohne Gewalt! Es ist wie ein Wunder, dass es den Menschen im Osten Deutschlands gelang, das SED-Regime mit friedlichen Mitteln zu bezwingen. Die Bürgerinnen und Bürger machten auch deutlich, wohin der Weg gehen sollte. Aus der Parole »Wir sind das Volk!« wurde »Wir sind ein Volk!«. Die Mehrheit wollte keine neue DDR, sondern die Vereinigung mit der Bundesrepublik. Die ersten freien Volkskammerwahlen in der DDR im März 1990 bestätigten diesen Wunsch.

Deutscher Bundestag

Die Wiedervereinigung

Nach vielen Verhandlungen – auch mit den Siegermächten des Zweiten Weltkriegs – trat die DDR am 3. Oktober 1990 der Bundesrepublik bei. An diesem Tag endete die Teilung Deutschlands. Das Grundgesetz wurde die gemeinsame Verfassung »für das gesamte deutsche Volk«, wie es in Artikel 146 heißt.

Im Juni 1991 beschloss der Deutsche Bundestag in Bonn, dass Berlin wieder der Sitz des deutschen Parlaments sein sollte. Damit war Berlin wieder die Hauptstadt Deutschlands. Das alte Reichstagsgebäude wurde umgebaut, und seit September 1999 ist der Deutsche Bundestag wieder in Berlin.

Ost und West gehören zusammen

»Jetzt wächst zusammen, was zusammen gehört«, hatte Willy Brandt nach dem Fall der Mauer gesagt. Doch dieses Zusammenwachsen wurde schwieriger, als viele gedacht hatten. Denn die 40-jährige Trennung in zwei sehr verschiedene Staaten ließ sich nicht von heute auf morgen überwinden. Zwar hatten die Menschen in den neuen Bundesländern nun die gleichen Rechte und Freiheiten wie ihre Landsleute im Westen, aber noch fehlte den meisten das Geld, diese Freiheiten auch zu nutzen. Denn Reisen, sich neu einkleiden, ein neues Auto kaufen, in eine neue Wohnung umziehen – das alles kostet Geld. Und in den neuen Bundesländern verdienten die Menschen zunächst viel weniger als im Westen. Außerdem waren die veralteten Fabriken nicht konkurrenzfähig, deshalb stieg die Arbeitslosigkeit dramatisch – sie ist bis heute viel höher als in den alten Bundesländern.

Über eine Billion Euro flossen für den »Aufbau Ost« bisher in die neuen Bundesländer, eine ungeheuer große Summe. Sie verbesserte das Leben der Menschen spürbar, reichte jedoch längst nicht aus, um den Lebensstandard in den alten Bundesländern zu erreichen. Es bleibt also noch einiges zu tun, bis wirklich zusammengewachsen ist, was zusammen gehört.

Heute in Deutschland leben

Seit der Wiedervereinigung hat sich in den neuen Bundesländern viel verändert: Öffentliche Gebäude wurden renoviert, Straßen erneuert und neu gebaut. Autohäuser schossen wie Pilze aus dem Boden, ebenso Banken und Supermärkte. Auch moderne Fabriken und Werkstätten entstanden. Trotzdem zogen immer mehr und vor allem jüngere Leute in den Westen, wo ihnen das Leben lebenswerter erschien. In manchen Gegenden, besonders an der Grenze zu Polen, stehen inzwischen viele Wohnungen leer und in manchen Ortschaften leben fast nur noch ältere Leute.

Europa rückt näher zusammen

Aber nicht nur in Deutschland, auch in der Europäischen Union (EU) kam einiges in Bewegung. 1995 traten ihr Finnland, Österreich und Schweden bei. Damit hatte sie fünfzehn Mitgliedsstaaten. Und die beschlossen, eine neue, gemeinsame Währung einzuführen, den Euro. Statt mit Mark und Pfennig zahlen die Deutschen seit dem 1. Januar 2002 mit Euro und Cent.

Und die europäische Gemeinschaft wird immer größer: Am 1. Mai 2004 nahm die EU zehn weitere Mitglieder auf, darunter Polen, Ungarn, Tschechien und die Slowakei. Fünfzehn Jahre nach dem Fall der Mauer beendete diese sogenannte »Osterweiterung« die Spaltung Europas endgültig.

Deutschlands Rolle in der Welt

Heute ist die Bundesrepublik Deutschland ein geachtetes Mitglied in der Welt. Wirtschaftlich gehört sie zu den führenden Staaten; deutsche Waren werden weltweit geschätzt und gekauft. Durch die Aussöhnungs- und Friedenspolitik seit Konrad Adenauer und Willy Brandt haben unsere Nachbarn keine Angst mehr, von Deutschland angegriffen zu werden. Das ist eines der wichtigsten Ergebnisse der jüngeren Geschichte.

Damit sind wir am vorläufigen Ende unserer Geschichte. Aus den verstreut liegenden Dörfchen der Germanen ist heute, nach über 2000 Jahren, ein Land entstanden, in dem es sich gut leben lässt.

Personenregister
Wichtige Personen der Deutschen Geschichte

Adenauer, Konrad   93, 94
Bismarck, Otto Fürst von   49 f, 53
Bonifatius   16
Brandt, Willy   101, 103
Caesar, Gaius Julius   8
Childerich der Dritte   17
Chlodwig   11, 12
Chrodechild   12
Churchill, Winston   80
Diesterweg, Adolf   46
Ebert, Friedrich   56
Friedrich der Große   37 f
Friedrich der Weise   34
Friedrich Wilhelm der Vierte   48, 49
Goebbels, Joseph   73
Gorbatschow, Michail   105
Gutenberg, Johannes   31
Heuss, Theodor   93
Hindenburg, Paul von   63, 70
Hitler, Adolf   66, 67 ff, 76, 79 ff
Honecker, Erich   96, 97, 105
Karl der Große   8, 18 ff, 27
Karl Martell   16, 18
Kolumbus, Christoph   32
Liebknecht, Karl   55
Ludwig der Vierzehnte   36
Luther, Martin   33 ff
Luxemburg, Rosa   55

Napoleon Bonaparte   40 ff
Pippin   16 f, 18
Schabowski, Günter   106, 107
Scheidemann, Philipp   61
Scholl, Hans   74
Scholl, Sophie   74
Stalin, Josef   88
Stauffenberg, Claus Schenk Graf von   75
Ulbricht, Walter   92, 96
Wilhelm der Erste   49, 50, 62
Wilhelm der Zweite   55

Von sanften Riesen

Erlebe die Zeit der Dinos hautnah! **Spannende Texte, tolle Illustrationen und ganz viel Dino-Wissen.**

Erfahre, wann und wie die »schrecklichen Echsen« lebten, wo sie ihre Spuren hinterließen und wie Forscher all das Wissen zusammentragen und auswerten.

Ein Muss für jeden Dino-Fan!

JETZT NEU!

und hungrigen Killern!

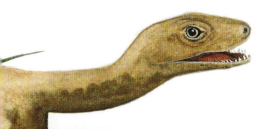

Wer hat's gemacht?

Manfred Mai ist der Autor dieses Buches. 1949 wurde er in Winterlingen, einem kleinen Ort im Schwäbischen geboren. Nach der Schule begann er eine Malerlehre und arbeitete in einer Werkzeugfabrik. Über den zweiten Bildungsweg wurde er Lehrer und unterrichtete acht Jahre an Realschulen. Aber seine echte Leidenschaft galt und gilt dem Schreiben. Seit 1978 sind über 150 Bücher erschienen, größtenteils Kinderbücher, die sich mit Alltagsproblemen beschäftigen. Doch auch seine Geschichtsbücher für Jugendliche und Erwachsene finden große Beachtung. Manfred Mai lebt heute mit seiner Frau und seinen beiden erwachsenen Töchtern in seinem Heimatdorf Winterlingen. Er zählt zu den bekanntesten deutschen Kinder- und Jugendbuchautoren.

Die Illustrationen zu diesem Buch hat **Dorothea Tust** gemalt. Sie wurde in Langenberg im Rheinland geboren, ist dort aufgewachsen und hat später in Wuppertal Grafikdesign studiert. Seit dem Studium ist sie als freie Illustratorin tätig. Sie hat schon zahlreiche Kinderbücher illustriert und daneben auch viele Geschichten für die »Sendung mit der Maus« gezeichnet. Sie lebt heute in Köln.

1 2 3 4   14 13 12 11
© CARLSEN Verlag,
PF 500380, Hamburg 2011
Text: Manfred Mai
Illustration: Dorothea Tust
Lektorat: Karin Bischoff
Fachberatung: Dr. Iris Holzwart-Schäfer, Universität Tübingen
Umschlaggestaltung:
Lena Ellermann
Layout: Claudia Weyh
Redaktion: Caroline Jacobi
Herstellung: Karen Kollmetz
Lithografie: ReproTechnik
Ronald Fromme
Druck und Bindung:
Sachsendruck Plauen GmbH
ISBN: 978-3-551-24004-0
Printed in Germany